觀音經

이 법 철 편 저

觀 _관

音 _음

經 _경

대양미디어

서 문

　우주는 광대무변(廣大無邊)하다. 그 광대무변한 공간에 우리 태양계 같은 태양이 1천개가 넘는다고 과학적으로 증명되었다. 1천개가 넘는 태양이 중심이 되어 행성(行星)들이 정해진 궤도를 정해진 법도에 의해 윤회를 하고 있다. 지구는 우리 태양계에 유일하게 만물의 영장인 인간들과 뭇 생명들이 인연 따라 짝을 찾아 번식하고 죽고 마는 음양계(陰陽界)이며, 인간은 물론 모든 생명체는 자신이 전생에 지은 업연(業緣)따라 지구에서 수명(壽命)의 요수장단(夭壽長短)과 부귀와 빈천보(貧賤報)를 받고 생사(生死)를 반복하고 있다.

　부처님은 지구를 지칭하여 불타는 화택(火宅)과 같다고 비유하였다. 따라서 부처님은 인간을 비롯한 모든 생명은 신속히 화택에서 벗어나 이고득락(離苦得樂)할 수 있는 마음공부, 즉 기도와 우주를 향한 수행을 할 것을 주장하고 권고하고 있다. 인간이 고대하는 이고득락(離苦得樂)의 세계는 아미타불(無

量壽佛)이 중생을 위해 상주 설법하시는 영원한 생명의 나라 극락세계이다.

지구는 불타는 화택과 같은데, 지구를 주관하는 만물농장(萬物農場)의 주인 같은 신(神)은 지구에 사는 생명체끼리 약육강식(弱肉强食)을 설정하고, 자웅(雌雄)의 생식기에 번식의 쾌락을 DNA로 설정하여 쾌락에서 벗어나지 못하게 하면서 끝 모르게 번식을 유도하고 있다.

상상해보라. 인간을 비롯한 지구에 사는 생명체는 생사윤회를 거듭하는 DNA가 설정되어 생명이 다할 때까지 약육강식 속에 짧은 쾌락의 섹스에 집착하다 생명을 마치고, 또다시 지구에 생사윤회를 하는 것이다.

비유컨대 돼지가 도살장 앞에서도 섹스의 쾌락에 집착하는 것을 보라. 돼지가 번식을 한들 인간에 의한 비참한 도살 뿐이다. 다시 말해 만물의 영장인 인간의 몸을 받았을 때, 무량수불을 영접하는 기도와 수행을 해야 하는 절호의 기회인데, 도살장 앞에서 섹스를 하는 돼지와 같은 인생을 살다가 죽는 부지기수의 남녀는 존재한다는 것을 깨달아야 하는 것이다. 일체생명체가 섹스의 쾌락에 빠져 약육강식 속에 지구에서 생사윤회하기를 바라는 신이 지구, 즉 음양계를 주관하는 신인 것이다.

부처님은 지구에서 사는 육신은 영원한 수명이 있을 수 없고, 만물의 영장인 인간은 기도하고 수행을 해야만 정과(正果)를 얻어 영원한 생명의 나라인 우주의 극락세계인 아미타불(無量壽佛)의 세계에 왕생할 수 있다고 가르친다. 근거가 불설아미타경(佛說阿彌陀經)이다.

우주는 전지전능한 창조주인 법신불이 잘 설계한 집과 같다. 우주의 모든 별이 인연법으로 설계한 국토이다. 그 국토는 마치 항하사(恒河沙) 모래수와 같이 많아서 인간이 숫자로 셀 수 없을 만큼 광대무변한 우주에 존재한다. 기독교나 천주교 등에서 예전에는 지구가 우주에 중심이 되고 이스라엘의 여호와 신이 천지창조를 했다고 주장하는 성경을 세상에 전했으나, 지구는 여호와 신이 창조한 것이 절대 아니다. 머리 좋은 유대인들이 아전인수(我田引水)로, 또는 선민(選民)의식으로 유대의 신인 여호와가 천지를 창조하고 인간을 위시한 만물을 창조했다고 주장하는 것이나 진짜 우주에 비하면 티끌과 같은 지구만 보고 날조한 허황한 주장일 뿐이다.

불교에서 보면, 기독교의 예수님은 전지전능한 여호와 신의 독생자가 아니다. 인간의 아들일 뿐이다. 진짜 축복받은 전지전능한 유일신의 독생자라면, 왜 예수님이 34세에 십자가에 못 박혀 인간들에 죽임을 당하였겠는가? 예수는 처형당하기 전날 밤 겟세마네 동산에서 밤새워 울면서 아버지 여호와를 부르며 자신에게 닥치는 죽음의 잔을 피하게 해달라고 기도했으나, 구원을 받지 못하고 처형당했을 뿐이다. 예수의 기도는 십자가에서 죽어가면서 자신의 목숨조차 구원받지 못했는데, 장차 어떻게 인류를 구원한다고 억지 주장하는 것인가?

우주의 본체요, 법신불 부처님은 우주에 상주 설법(常住說法)하고 있는데, 설법을 알아듣지 못하는 것은 미혹한 중생들일 뿐이다. 기도와 수행을 하지 않고 오직 음양계의 섹스의 쾌락에 빠져 헤어나지 못하는 남녀들은 법신불이 내리는 법문을 이해하지 못한다.

따라서 법신불은 인간과 같은 육신을 가진 화신불(化身佛)을 강탄(降誕)하게 하는데, 석가모니불(釋迦牟尼佛)도 화신 중의 하나이다. 석가모니불은 인간들에게 "나같이 기도하고 수행하면 나와 같이 성불할 수 있다."고 몸소 길을 실천해 보인 것이다. 따라서 석가모니불은 스스로 자신을 우주의 본체인 법신불과 무량수불로 인도하는 삼계도사(三界導師)라고 칭하였다.

부처님은 화엄경 등 경전에서 우주를 설계하고 창조하신 우주의 본체인 법신불의 천백억 화신 가운데 하나인 "부처는 중생의 창과 칼로 죽일 수 없다"고 설파하셨다. 부처님은 우주의 진리를 깨달은 후 열반에 드는 82세 때까지 인도 대륙을 걸어 다니며 깨달음을 전하고, 미얀마를 두 번이나 걸어서 가서 국왕과 백성들에 우주의 진리를 전해주었다.

　　부처님은 태양아래 모든 인간은 평등하다고 선언했다. 예나 지금이나 인도의 고질병통인 신분제를 타파하기 위해 헌신하신 분이다. 근거로 천민 출신 우바리 존자를 제자로 받아들이고, 앙굴마라 같은 대살인마(大殺人魔)도 참회하고 귀의하는 자는 제자로 받아 주었다.

　　부처님은 인류에게 위대한 희망을 주셨으니 일체중생은 모두 불성(一切衆生悉有佛性)이 있어 누구든 부처와 같이 수행하면 부처를 이룰 수 있다고 선언하신 것이다.
　　부처님의 수행법은 중국 조사들이 창안한 면벽하여 화두공부를 한 것이 아니었다.

　　산하대지(山河大地)를 관찰하고, 우주를 관찰하여 이치를 깨닫는 격물치지(格物致知)하는 마음공부였다. 석가모니 부처님이 우주의 진리를 마지막 순간을 통찰해보자. 경전에 근거하면, 부처님은 6년 고행 후 니련선하(尼蓮禪河)의 강가 해묵은 보리수 아래 바위에 정좌하여 우주를 관찰하다가 새벽에 빛나는 명성(明星)을 관찰하면서 우주의 진리를 확철대오(擴徹大悟)를 하였다. 따라서 중생들이 부처님같이 우주의 진리를 깨닫고자 한다면, 중국 선승들이 지어낸 면벽화두를 참구하지 말고, 광대무변한 우주와 항하사 모래수와 같은 국토가 왜 생멸(生滅)하는가를 깨달아야 할 것이다.

중국 선승들은 한국 선승들이 박학다식(博學多識)한 것을 싫어하였다. 중국 선승들은 한반도 승려들에게 불립문자(不立文字)를 해야 하고, 곧바로 마음을 깨달아(直指人心) 견성성불(見性成佛)할 수 있다고 주장하고 강요하였다. 바꿔 말해 한반도와 일본 등에 승려들이 불경 등 박학다식을 하지 못하게 음모를 꾸민 것이다. 그러나 한국인들이 오래전에 중국이 강권한 성리학(性理學)에서 벗어났듯이, 불교의 우주의 진리를 깨닫는 마음공부를 하려면, 중국 화두선을 버려야 하고, 불경 등을 배우고, 산에 올라 밤하늘의 우주를 관찰해야 한다고 나는 주장하는 것이다.

부처님 설법의 핵심은 우주의 본체(本體)요, 법신불(法身佛)

이며 극락세계에서 상주 설법하시는 아미타불(無量壽佛)이라 밝히고, 인간뿐만 아니라 모든 중생은 기도하고 수행하여 구경에 극락세계에 왕생해야 한다고 중생에게 희망을 주었다.

부처님은 불경에 기도의 문(門)을 여러 가지로 보여주었다. 그 가운데 지구는 대성자모(大聖慈母)가 되는 '관세음보살'전에 기도하는 방법을 불경으로 남겼으니 바로 관음경이다. 관세음보살님도 우주의 본체인, 법신불의 화신 중에 여신(女神)이다. 관세음보살은 사파세계, 즉 지구 중생을 구원해주고 반야 용선(般若龍船)으로 지구 중생의 영혼을 극락세계로 인도해주겠다고 대원력을 세운 성인이다. 따라서 지구 중생은 관세음보살을 통해서 영혼이 극락세계에 왕생할 수 있다는 것을 절대적으로 믿어야 한다.

여름날, 하루밖에 못 사는 하루살이 같은 충(蟲)이 지구의 여름날 외의 봄과 가을, 겨울의 소식을 어찌 알겠는가? 태양을 중심하여 총알 같은 속도로 끝없이 윤회하는 너무도 빠르게 흐르는 시간의 세계인 지구에서 짧은 인생을 살다 죽어야 하는 인간이 어찌 태양계의 소식과 광대무변한 우주 세계의 진상을 어떻게 알겠는가. 오직 부처님이 말씀으로 인도하시는 우주의 본체요, 법신불이시며, 아미타불(無量壽佛)이 상주 설법하시는 "극락세계에 왕생해야 영원한 생명을 얻을 수 있다"는 것을 절대적으로 확신해야 할 것이다.

우리 중생은 부처님이 말씀하신 관음경을 읽고 확연히 깨달아야 한다. 광대무변한 우주, 항하사 모래수와 같은 부지기수의 별의 국토, 1천개가 넘는 태양계의 세계 속의 장구한 시간에 비하면, 지구는 초록색 작은 별로서 정해진 궤도를 태양을 중심하여 총알 같은 속도로 윤회하고, 인생도 허무한 번식을 위해 남녀 간 섹스의 쾌락에 중독되어 살고, 약육강식을 하며 생사윤회를 거듭하고 있다는 것을 깨달아야 한다. 우리 중생은 부처님의 마하반야(摩訶般若)가 담긴 관음경을 통해 올바른 기도와 수행법으로 마음공부를 하여 지구에서 생사윤회의 고통을 스스로 끊고, 구경에 육신을 벗고 깨달은 영혼으로서 지구를 벗어나 영원한 생명의 나라인 무량수불이 상주 설법하시는 극락세계에 왕생하도록 기도하고 수행할 것을 간절히 권장하는 바이다.

2019년 8월
선운사 문도인 이법철(李法徹) 합장

차 례

제1장

관음경

관음경(觀音經)의 유래

관음경이란 대승경전(代乘經典)인 묘법연화경(妙法蓮華經)의 제이십오품(二十伍品) '관세음보살보문품(觀世音菩薩普門品)'을 별행(別行)시켜 단행경(單行經)으로 만든 것이다.

그런데 관세음보살보문품을 별행시켜 관음경이라 전해오는 것은 이유가 있다. 이 경의 내용이 거의 관세음보살이 중생을 구제하는 법문으로 일관되어 있는 바, 고해중생이 피화구복(避禍求福)하는데 있어서 관세음보살의 원력과 위신력 그리고 공덕이 가장 위대하다는 것을 깨우쳐 준다.

또 관음경이 법화경의 보문품이라고 불리우게 된 것은 관세음보살이 고해중생의 구제를 위해 삼십이응신(三十二應身)으로 화신(化身)을 나투(普門示現)는 데서 연유한 것이다.

원래는 법화경에 보문품의 장행(長行)만 들어 있었고, 게송(偈頌) 부분은 빠져 있었다. 천재번역가인 인도승 '구마라습'이 번역한 묘법연화경의 보문품에는 산문체인 장행만 있고, 그 뒷부분인 게송, 즉 '세존묘상구'로 시작되는 게송 부분을 빠뜨린 것이다.

그런데 서력 7세기경에 북인도로부터 중국에 도래한 천재 번역승인 '달마굽다', '사나굴다' 두 인도승이 '첨품법화경(添品法華經)' 七권 二十七품을 번역할 때, 비로소 보문품 게송 부분이 번역된 것이다.

관음경은 석가모니불이 말씀하신 기도의 핵심 경전이다. "관세음보살을 우리가 살고 있는 지구를 의미하는 고해세계의 구세보살(救世菩薩)로서 믿고 기도의 대상으로 삼으라"는 설법을 결집한 것이 관음경인 것이다.

또 관세음보살은 과거 정법왕여래(正法王如來) 부처님이시며, 우주의 본체인 법신불(法身佛)인 비로자나 부처님의 천백억화신(千百億化身) 중의 한 분이시다.

온 우주의 삼라만상 두두물물이 어디서 생겼을까? 깨닫고 보면 일체가 우주의 본체인 법신불 비로자나 부처님으로부터 비롯된 것이고 사바교주(沙婆敎主)이신 석가모니불과 관세음보살 등 일체 불보살이 모두 비로자나 부처님이 고해중생을 구제하기 위해 나투신 천백억화신 중의 화신들이라는 것을 믿어 의심하지 않아야 할 것이다.

또한 관세음(觀世音)이라는 또 다른 뜻은 세상소리(世音)를 관(觀)한다는 것이다. 세상은 고해이므로 관세음보살은 고해의 소리를 항상 들으시고 살피시며 마치 고해에서 생활하는 중생들을 적자(赤子)와 같이 보면서 부모심정(父母心情)으로서 이를 구제하고자 하시는 것이다.

세상 사람들이 몸과 마음을 청정히 하고 향 피워 예를 갖춰 '나무관세음보살(南無觀世音菩薩)' 하고 관세음보살님께 일심으로 간절히 기도하면, 관세음보살은 반드시 감응도교(感應道交)로써 대자대비심으로 구제구원의 손길을 내미는 것이니 믿어 의심치 말아야 할 것이다.

전생에 자신이 지은 악의 정업(定業)으로 고통 속에 신음하는 고해대중이여! 생사가 촉박하니 어서 마음을 열어 눈빛 같은 하얀 옷을 입으시고 한 손에는 버드나무 가지를, 다른 한 손에는 감로수병을 드신 관세음보살을 그대의 가슴 속에 구세주, 구세보살로 영접하시라. 즐거우나 슬프나 관세음보살을 신앙하고 의지하며 세상을 사시라.

전생의 자작자수(自作自受)의 엄고에 고통 받는 고해대중이여!

대자대비한 관세음보살은 그대들을 이승에서도 구제 구원하고 저승에서도 구제하실 것이다. 또한 그대의 외롭고 슬픈 영혼을 반야용선에 태워 극락세계로 인도하여 영생과 복락을 누리게 해주는 분이시라는 것을 믿어 의심치 말고 기도의 대상으로 삼고 기도와 함께 소원성취하기를 간절히 바라는 바이다.

觀音經 1

時에 無盡意菩薩이 卽從座起하사 偏袒右肩하고 合掌向佛
하사 而作是言하사대 世尊이시여 觀世音菩薩을 以何因緣으
로 名觀世音이닛고 佛告無盡意菩薩하시되 善男子야 若有無
量 百千億衆生이 受諸苦惱하되 聞是觀世音菩薩하고 一心稱
名하면 觀世音菩薩이 卽時에 觀其音聲하야 皆得解脫케 하나
니라

若有持是 觀世音菩薩 名字하면 設入大火라도 火不能燒하
나니 由時菩薩의 威神力故며 若爲大水所漂라도 稱其名號하
면 卽得淺處하며 若有百千億衆生이 爲求金銀琉璃와 珊瑚琥
珀眞珠等寶하야 入於大海할새 假使黑風이 吹其船舫하야 漂
墮羅刹國거든 其中에 若有乃至一人이라도 稱觀世音菩薩名
者면 是諸人等이 皆得解脫 羅刹之難하리니 以是因緣으로 名
觀世音하나니라

【국역】

그때에 '무진의보살'이 곧 자리에서 일어나 오른쪽 어깨의
옷을 벗어 걸메고 합장하고 부처님을 향하여 여쭈었다.

"부처님이시여, '관세음보살'은 어떠한 인연으로써 이름을 관세음보살이라 하시나이까?"

부처님께서 무진의보살에게 대답하신다.

"선남자야, 만일 한량없는 백천만억 중생이 모든 고뇌를 받게 되는 때에 관세음보살이 명호를 일심으로 부르면 곧 관세음보살이 그 음성을 관찰하여 해탈을 얻게 하나니라. 만약 관세음보살의 명호를 간직한 사람은 설사 대 화재를 당할지라도 불이 능히 이 사람을 태우지 못하나니 이는 관세음보살의 위신력이 미치기 때문이다.

만약 큰물에 표류하게 될 때라도 관세음보살의 명호를 부르면 즉시에 물이 얕은 곳에 이르게 되며, 만약 백천만의 중생이 금·은·유리·자거·산호·호박·진주 등 보배를 구하기 위해서 큰 바다로 들어갔다가 가령 폭풍을 만나 배가 나찰귀국으로 밀려 떨어질지라도 그 가운데 만약 한 사람만이라도 관세음보살의 명호를 부르는 이가 있으면 이 모든 사람들이 나찰의 환란에서 해탈케 되나니 이러한 인연으로써 관세음보살이라고 이름하나니라."

【이야기】

대한민국 박정희 대통령 통치 시대인 1960년대 말, 가야산 해인사 밑 사하촌(寺下村) 신부락에 박도일(朴道日)이라는 사십이 갓 넘은 사내가 처자와 함께 가난하게 살고 있었다. 젊은 부부는 부모로부터의 유산도 없었고 배움이 없어 노동으로 연명할 수밖에 없었다. 그러나 두 부부는 관음신앙으로 하루도 관음기도를 쉬지 않고 관음보살님께 "먹고 살 수 있는 경제 형편이 나아질 수 있도록" 소원하였다.

남편 박 씨는 관광버스나 노선버스가 도착할 즈음이면 버스정류장에 나가서 관광객들에게 자신이 일하는 여관에서 숙박을 하도록 하는 소위 호객행위와 함께 여관의 종업원으로 일하고 부인 진 씨는 합천 출신으로 식당 종업원으로 일했다.

그들은 두 아이를 낳아 기르면서 월세 방에 사는 가난을 면치 못했다. 가난한 젊은 부부는 자신들만의 집을 장만하는 날을 기다리는 희망으로 살아가고 있었으나 서로 가족 사랑하는 마음은 남달랐다.

쉬는 날이면 부부는 아이를 데리고 해인사 대적광전에서 온가족이 관세음보살의 명호를 부르며 기도를 올렸고, 집에서 혹은 일하면서도 염염불리(念念不離)의 마음으로 관세음보살께 기도를 올렸다.

"대자대비하옵신 관세음보살님, 저희들이 알게 모르게 지은 전생의 악한 정업의 업장을 소멸하여 주소서."

박 씨 부부의 지극지성의 기도는 드디어 관세음보살님과 감응도교(感應道交)를 이루는 날이 도래했다.

어느 날, 풍채 좋은 재일교포 노인이 수행원들을 데리고 수소문하여 왔노라며 박 씨의 아내를 찾아왔다. 노인은 박 씨의 아내인 진 씨를 만나 고향을 물어보고 부모님의 성함을 묻는 등 여러 가지 질문을 하더니 덥석 진 씨의 손을 잡고 진한 눈물을 흘리면서 이렇게 말하는 것이었다.

"네가 나의 유일한 조카가 틀림없다. 내가 너의 막내삼촌이다. 내가 십대 후반에 잘못을 저지르고 집을 뛰쳐나가 일본으로 밀항을 했단다. 내가 성공하여 부모형제를 도우려고 하였지만 내가 몸담은 단체가 조총련이어서 조국에 돌아올 수가 없었지. 이제 정치적으로 내 문제가 해결되어 부모형제를 찾아 고향산천에 돌아오니 부모는 물론이요, 너의 부친인 나의 형과 형수도 오래 전에 세상을 떠났더구나. 내가 조총련에서 활동하여 고향의 부모형제들이 얼마나 고통이 많았겠느냐. 나는 부모형제에게 씻을 수 없는 대죄를 지었다. 형의 혈육을 찾으니 모두 죽고 너 혼자 남았더구나. 오늘에서야 너를 찾는 못난 삼촌을 원망해다오."

노인은 조카의 손을 잡고 소리 내 엉엉 울었다.

진 씨는 어릴 적 부모생전 시에 부모로부터 "막내 삼촌이 있었는데, 잘못을 저지르고 집을 나가 소식이 끊겼는데, 아마 죽었을 것이다"는 이야기를 들은 것을 기억했다.

박 씨 부부는 말로만 전해들은 삼촌에게 큰절을 올리고 손

자 손녀도 예를 갖춰 작은 할아버지께 절을 올리게 했다. 삼촌은 조카 부부에게 진지하게 말했다.

"내가 어떻게 도와주면 가족이 먹고 살 수 있겠나?"

박 씨 부부는 얼른 생각이 떠오르지 않았지만 진 씨가 고개 숙여 이렇게 말했다.

"배운 것은 없지만 그저 무슨 일이든 열심히 하겠습니다."

처삼촌은 고개를 끄덕이며 기뻐했다.

한 달 후 박 씨 부부는 가족과 함께 서울 여의도에 있는 아파트로 이사를 했고, 박 씨는 용산에 있는 제법 큰 회사의 사장으로 취임하게 되었다. 수년 후, 필자도 박 사장의 초청을 받아 회사를 방문한 바 있다.

사장 자리가 사람을 변화시켰다. 사장석에 버티고 앉은 박 사장은 예전의 해인사 밑 호객꾼의 티는 말끔히 가시고 위엄이 보였다. 박 사장의 아내인 진 씨도 여의도 아파트에 사는 품위 있는 부인이 되어 있었다. 필자는 박 사장의 호의로 맛있는 음식을 대접받고 여비도 두둑이 얻은 바 있다.

당시 박 씨의 아내 진 씨의 삼촌은 과거 박정희 시절에 조총련 재무부장을 역임한 재일교포로 재력가였다.

그의 말을 빌리면, 어느 날 갑자기 고국 땅과 부모형제가 미치도록 그리워지는데 거의 밤마다 꿈에 소년시절 헤어진 부모와 형이 울고 있는 어린 조카를 부탁하더라는 것이었다.

마침내 그는 박정희정권에 거액을 상납하고 전향하여 대한민국에 들어와 꿈속에 울고 있는 어린 조카를 찾아 나선 것이다.

관세음보살을 향한 기도 응답은 관세음보살이 갑자기 나타나 황금을 주는 것이 아니다. 박 씨 부부의 경우는 관세음보살이 육친의 친화력을 작용하여 일본의 삼촌이 도와주도록 작용한 것이다. 이 또한 어찌 관세음보살의 불사의(不思議)한 기도응답이 아니겠는가.

고해대중 가운데 부지기수의 인간이 인간으로 태어나서 뜻은 세웠지만, 전생의 나쁜 정업 때문에 뜻을 이루지 못하고 고통 속에 신음하다가 죽어가는 일은 부지기수이다.

이 영험담을 읽는 고해대중이여, 이제라도 생각을 바꿔 가슴에 대자대비한 관세음보살님을 영접하고 귀의하여 관음기도를 하는 인생을 사시라. 관음기도를 지극히 하면, 첫째, 업장이 소멸되고 둘째, 기도 응답을 반드시 받는다.

觀音經 2

若復有人이 臨當被害하야 稱觀世音菩薩名者면 彼 所執刀
약복유인   임당피해   칭관세음보살명자   피 소집도

杖이 尋 段段壞하야 而得解脫하며 若三千大千國土에 滿中夜
장   심 단단괴   이득해탈   약삼천대천국토   만중야

叉羅刹이 慾來惱人이라도 聞其稱─ 觀世音菩薩名者면 是諸
차 나 찰　 욕 래 뇌 인　　 문 기 칭　 관 세 음 보 살 명 자　　 시 제

惡鬼─ 尙不能以惡眼으로 視之한대 況復加害하겠는가 設復
악 귀　 상 불 능 이 악 안　　 시 지　　 황 복 가 해　　　 설 복

有人이 若有罪커나 若無罪히 杻械枷鎖하야 檢繫其身이라도
유 인　 약 유 죄　　 약 무 죄 히 뉴 계 가 쇄　　 검 계 기 신

稱觀世音菩薩名者면 皆悉斷壞하고 即得解脫하나니라.
칭 관 세 음 보 살 명 자 면　 개 실 단 괴　　 즉 득 해 탈

【국역】

　만약 어떤 사람이 악한에게 피해를 당하게 되었더라도 '관
세음보살'의 명호를 부른다면 저들이 가졌던 칼과 몽둥이가
곧 조각조각 끊어져서 해탈함을 얻을 것이며, 만약 삼천대천
국토에 가득한 야차', '나찰'들이 쫓아와서 사람을 괴롭게 할
지라도 그 '관세음보살' 명호를 일컫는 소리를 듣는다면 이
모든 악한 귀신들이 오리려 악한 눈으로써 보지도 못할 것이
거든 하물며 다시 해를 입히게 할 것인가.

　설사 어떤 사람이 혹은 죄가 있거나 혹은 죄가 없거나 수갑
을 채우고 고랑을 차고와 나무칼로 그 몸을 얽어매는 일이 있
더라도 '관세음보살'의 명호를 부르는 이는 곧 해탈함을 얻을
것이니라.

【이야기】

　일본인의 관음신앙은 지구상 어느 불교국보다 유별나고

일본의 어느 종파를 막론하고 전국 사찰에서 관음신앙은 지극지성이다. 그 가운데 관음신앙에 있어서 성지로는 동경의 아사쿠사(淺草)에 있는 관음당이 대표적이다.

관음당에는 관세음보살을 본존으로 모시고 있는 바, 매일 참배객이 10만 명을 넘는다고 한다. 관음당에 참배객이 많은 것은 한마디로 관세음보살의 영험이 큰 것은 물론이요, 관음당의 본존불로 모시는 관음상의 출현이 신비하기 때문이다.

일본의 추고천황(推古天皇) 36년(628년) 3월 18일 이른 아침에 '회전병성 · 죽성(檜前浜成 · 竹成)'이라는 형제 어부가 궁호천(宮戶川)에서 그물로 고기를 잡던 중 뜻밖에 그물 속에 금빛 불상 하나가 건져 올려졌다. 그 불상은 신비로운 오색광명을 발하고 있었다.

어부 형제는 놀라운 마음으로 향족(鄕族)인 토사중지(土師中知)에게 보였다. 불심이 있는 중지는 그물에 건져진 불상이 관세음보살인 것을 알고 깊이 귀의했다.

중지는 관음상이 세상에 출현한 인연을 깊이 느끼고 머리를 깎고 승려가 되기로 작심했다. 중지는 자택을 고쳐서 절을 만들고 관음당에 그 관음상을 봉안하여 예배 공양하고 관음의 자비를 실천하면서 일생을 마쳤다.

그 후, 무장야(武藏野)의 한구석 이름 없는 아사쿠사 관음당은 참배의 신도가 날로 불어났다. 관세음보살의 신기한 영험이 그치지 않았다.

　일본의 역사상 유명한 무장(武將)들, 부호들과 문인(文人)들이 참배와 시주를 하면서 아사쿠사의 관음당은 날로 번창하였으며 강호시대에는 막부(幕府)의 기원소(祈願所)로 정해져 사찰의 규모는 더욱 확대되어 일본국 관음신앙의 총본산이 되었다.

　필자가 아사쿠사 관음당을 찾았을 때는 일본의 국화인 사쿠라꽃이 아름답게 만발할 무렵이었다. 우리나라의 사천왕문과 같은 뇌문(雷門)을 지나 관음당으로 가는 길의 양쪽에는 수많은 상가들이 질서 정연하게 배열되어 있는데 상가 앞마다 사쿠라꽃이 환상처럼 피어 있었다. 환상처럼 아름다워서 사진촬영을 하고 가까이 가보니 모두 정교한 조화였다.

　관음당 안의 그 옛날 어부 형제가 건져 올린 관음상이 봉안되어 있는 곳에는 사람들이 장사진을 이루었다. 그러다가 차례가 되면 대형 향로에다 분향하고 불전 통에 동전을 넣고서는 일본인 특유의 의식으로 두 손바닥을 딱딱 소리 내어 마주치고는 눈을 감고 고개 숙여 관음보살님께 기원을 드리고 있었다.

　필자는 기도를 마치고 떠나려는 사람들에게 질문했다.

　"아사쿠사의 관음님께 기도하면 소원이 성취됩니까?"

　사람들은 이구동성의 확신어린 음성으로 이렇게 대답했다.

"관음님의 영험은 있습니다. 그래서 우리가 기도하는 것 아닙니까."

그들은 관세음보살이 개인의 소원을, 가정을, 그리고 국가와 민족을 가호하여 준다고 확신하고 있었다.

아사쿠사의 관음당의 관음보살님께 기원을 마치고 필자는 오색불빛이 화려한 '긴자' 거리를 감탄스러운 마음으로 걷는데 건물을 등에 지고 길바닥에 앉아서 반쯤 졸고 있는 것 같은 중년의 거지를 볼 수 있었다. 그는 지나는 필자에게 재빨리 손바닥을 내밀었다. 필자는 그의 때 묻은 손바닥에 지폐를 놓으면서 이렇게 가르쳐 주었다.

"아사쿠사의 관음님께 소원을 이뤄 달라 기도하세요."

그러나 거지는 감사의 뜻으로 고개만 한 번 숙여 보일 뿐, 헤벌쭉 웃으면서 다시 건물을 등에 지고 앉아 조는 듯이 앉았을 뿐이었다. 거지는 아사쿠사의 관음보살전에 새롭게 인생을 살게 가호를 비는 기도를 하지 않고 오직 자신의 심전(心田)에 거지팔자로서 만족한다는 생각을 고정시켜 놓고 있었다.

"육신을 움직이고 변화시키는 운전수, 즉 심왕(心王)을 거지로 설정해놓으니 어찌 거지 운명에서 벗어날 수 있을까?" 나는 언제인가, 그가 회심하여 "아사쿠사 관음당을 찾아 기도할 수 있기를" 관음보살님께 간절히 기도하였다.

觀音經 3

若三千大千國土에 滿中怨賊커든 有一商主 將諸商人하야
약 삼천대천국토 만 중원적 유일상주 장제상인

齋持重寶하고 經過할새 其中一人이 作是唱言호대 諸善男子
재지중보 경과 기중일인 작시창언 제선남자

야 勿得恐怖하고 汝等은 應當一心으로 稱 觀世音菩薩名號하
물득공포 여등 응당일심 칭 관세음보살명호

면 是菩薩이 能以無畏로 施於衆生하리니 汝等이 若 稱名者면
시보살 능이무외 시어중생 여등 약 칭명자

於此怨賊에 應當解脫하리라 하니 衆商人이 聞하고 俱發聲言
어차원적 응당해탈 중상인 문 구발성언

호대 南無觀世音菩薩하여 稱其名故로 卽得解脫하나니라 無
남무관세음보살 칭기명고 즉득해탈 무

盡意여 觀世音菩薩摩訶薩의 威神之力이 巍巍如是니라.
진 의 관세음보살마가살 위신지력 외외여시

【국역】

　만약 삼천대천국토에 도적떼가 가득 차 있는데 한 장사 주인
이 여러 상인을 거느리고 값진 보배를 가지고 험한 길을 지나갈
때에 그 가운데 한 사람이 큰 소리로 말하기를 "모든 착한 남자
들이여, 두렵고 무서운 마음으로 겁내지 말고 여러분들은 마땅
히 한 마음으로 '관세음보살'의 명호를 부르면 관세음보살이 능
히 두려움이 없게 하며 도적들에게 피해를 당하지 않고 해탈케
할 것이오."라고 하니, 모든 상인들이 이 말을 듣고 함께 소리를
내어 '관세음보살' 하고 부르니 그 명호를 부르는 공덕으로 모
두 도적들로부터 해탈을 얻었느니라. 무진의여, '관세음보살 마

하살'의 위신력이 이와 같이 높고 높은 것이니라.

【이야기】

부처님은, 어머니 죽음이 구도의 길에 나서는 인연이 되었다.

부처님이 더욱 존경스러운 것은 부귀영화가 보장된 가비라국의 왕자로서 부귀영화를 헌신짝처럼 버리고 또 사랑하는 '야수다라' 태자비와 사랑하는 어린 아들조차 이별하면서 생로병사를 초월하기 위한 구도의 길로 나섰기 때문이다.

윤회전생을 확신하는 불교적 입장에서 본다면 부처님은 다생겁래부터 수행 정진하여 오시다가 마침내 가비라국의 왕실에 태어나시어 출가하여 고행 끝에 해탈하여 부처를 이루시는 모범적 모습을 우리에게 보이셨다. 그러나 윤회전생이 아닌 현세만을 놓고 볼 때 부처님은 왕자를 낳고 일주일 만에 죽은 어머니의 죽음을 통해 생사의 고통에 대해 뼈저리게 느낀 애처로운 분이다.

부처님의 아기시절 어머니 마야부인은 아기를 낳고 일주일 만에 세상을 떠났다. 어머니의 죽음을 알게 된 어린 왕자의 가슴에는 크나큰 충격이었을 것이다.

인간은 왜 생사가 있는 것일까?

어머니는 왜 죽어야 했을까?

어머니는 어디로 가셨을까?

모든 생명은 태어나면 반드시 죽어야 한다는 불변의 법칙은 어린 왕자의 가슴에 자신도 장차 언제가 될는지는 몰라도 속절없이 죽음을 맞이할 수밖에 없다는 생각에 두려웠을지도 모른다.

영원한 생명은 없는 것일까? 왕자는 마침내 생사에 대해 아무도 만족할 만한 해답을 주지 못하는 왕궁을 야반도주하듯 빠져나와 구도의 길에 나섰다. 그러나 구도의 노상에서 꽤 이름이 알려진 수행자들을 만나 대화를 나누었지만 왕자의 가슴속은 만족할 만한 해답은 없었다. 마침내 왕자는 스스로 깨달음을 얻기 위해 6년 고행 끝에 피골이 상접한 건강상태 속에서 니련선하의 강가 보리수 밑에 정좌하여서 새벽의 명성(明星)을 바라보고 대각, 즉 부처를 이루었다.

부처님은 전지전능한 신에게 무릎 꿇고 울며 간구한 사람이 아니다

부처님이 우주의 진리를 깨달은 후 최초로 하신 말씀은 일체중생이 다 부처가 될 성품이 있다고 선언했다. 열심히 수행정진하면 일체중생은 모두 자신과 다를 바 없는 부처를 이룰 수 있다(一切衆生 悉有佛性)는 것은 천지개벽 이래 가장 크고 고귀한 대 선언이며 대 희망의 말씀이 아닐 수 없다.

부처님은 중생들의 부귀영화와 수명의 요수장단(夭壽長短)과 길흉화복(吉凶禍福), 유병무병(有病無病) 등 일체가 중생 개개인의 마음의 조화로써 자작자수(自作自受)의 업을 지어 일희일비(一喜一悲) 속에 수고(受苦)한다는 것을 깨달으신 것이다.

　　수년 전에 어떤 여신도가 나를 찾아와 부처님 부처님을 원망했다. 부처님 전에 적잖게 공양물을 올리고 기도를 드렸는데 별무효과라며 부처님을 원망하는 것이다. 자세한 내용을 듣고 실소를 금치 못했다. 여신도의 남편이 도박을 좋아하는데 남편이 도박장에서 횡재수, 요즘말로 '대박'을 터뜨려달라고 부처님께 기도를 정성껏 했다는 것이다. 하지만 부처님의 가호가 없어서인가 별무효과로써 오히려 거액의 돈만 날렸다고 원망하는 것이었다. 못된 업을 지으면서 부처님께 대박 운을 달라고 하니 이 무슨 해괴한 불심의 기도인가?

　　고해대중이여,

　　세상에 태어나 전생에 스스로 지은 악업의 인과응보로 불행에서 고통 받는 고해대중이여,

　　관세음보살님 전에 기도할 때는 언제나 자신이 살아오면서 알게 모르게 지어온 죄악의 업장부터 진심으로 참회하고 소원을 드리는 주제(主題)있는 기도를 해야 한다는 것을 명심해야 할 것이다.

觀音經 4

若有衆生이 多於淫欲이라도 常念恭敬觀世音菩薩하면 便
약유중생 다어음욕 상념공경관세음보살 변

得離欲하며 若多瞋하여도 想念恭敬觀世音菩薩하면 便得離
득리욕 약다진 상념공경관세음보살 변득리

瞋하며 若多愚癡하여도 想念恭敬觀世音菩薩하면 便得離癡
진 약다우치 상념공경관세음보살 변득리치

하리니 無盡意여 觀世音菩薩이 有如是等大威神力하사 多所
무진의 관세음보살 유여시등대위신력 다소

饒益일새 是故로 衆生이 常應心念하나니라.
요익 시고 중생 상응심념

【국역】

만약 어떤 중생이 음욕심이 많을지라도 항상 '관세음보살'
을 공경히 생각하고 부르면 문득 음욕을 여의게 될 것이며,
만약 성내는 마음이 많을지라도 항상 '관세음보살'을 공경히
생각하고 부르면 문득 성내는 마음을 여의게 될 것이며, 만약
어리석은 마음이 많을지라도 항상 '관세음보살'을 공경히 생
각하고 부르면 문득 어리석은 마음을 여의게 될 것이니라. 무
진의여, '관세음보살'이 이와 같은 큰 위신력이 있어서 이익
되는 바가 많은 것이니 이러한 까닭으로 중생들은 항상 지성
으로 관세음보살을 마음속에 생각해야 하느니라.

【이야기】

불경에 의하면, 관세음보살님은 항상 극락세계의 주불인 아미타불(無量壽佛)의 좌보처(左補處)보살로 항상 적정삼매(寂靜三昧)에 계시면서 한걸음도 움직이지 않으시고(不離一步), 시방세계에 두루 모습을 나투시어(刹刹現身) 중생의 고난을 구해주시는 대성인이라고도 했다.

또 관세음보살님은 인적이 끊긴 외로운 섬(海岸孤絶處)에 있다는 성산(聖山)인 보타낙가산(寶陀洛迦山)의 죽림원(竹林院)에서 상주하면서 고난에 처한 중생을 구제하기 위해 서른두 가지의 몸을 나투고(三十二應身), 열네 가지 두려움이 없는 위력(十四無畏力)과 네 가지 불가사의한 덕(四不思議德)을 걸림이 없이 받아쓰기도(受用無碍) 한다고도 한다. 또 팔만사천의 빛나는 머리(八萬四千迦羅首)와 팔만사천의 팔과 손(八萬四千母陀羅臂)에 항마(降魔)와 중생을 구원하기 위한 신기(神器)를 들고, 팔만사천의 청정하고 보배로운 눈(八萬四千淸淨寶目)으로 우주를 통찰하며 중생을 구원한다고 한다.

관세음보살님은 고해중생을 구원하는 대자대비를 보이시고 항마(降魔)를 위해서는 위신력(或慈或威)을 보이며 우주에 나타나지 않는 곳이 없이(分形散體) 몸을 나투어 고해중생의 기도소리를 들으신다고 한다.

대자대비하신 구세주 관세음보살님이시여, 우주의 존체요,

창조주인 전지전능한 오직 한 분, 청정법신불의 화신이로다.

관세음보살님이시여, 업보의 윤회에서 고통 받는 고해의 중생을 인도하여 살아서는 행운과 임종시에는 극락세계로 인도하여 주소서.

정업의 고통 속에서 신음하는 고해대중이시여, 아침에도 관세음보살님을 생각하며(朝念觀世音菩薩) 저녁에도 관세음보살님을 생각하는(暮念觀世音菩薩) 바른 신앙을 하는 불자가 되어 복을 받으시라.

觀音經 5

若有女人이 設欲求男하야 禮拜供養觀世音菩薩하면 便生
약유여인   설욕구남   예배공양관세음보살   변생

福德智慧之男하고 設欲求女하면 便生端正有相之女하야 宿
복덕지혜지남   설욕구여   변생단정유상지여   숙

植德本이라 衆人愛敬하리니 無盡意여 觀世音菩薩이 有如是
식덕본   중인애경   무진의   관세음보살   유여시

力하나니라.
력

若有衆生이 恭敬禮拜 觀世音菩薩하면 福不唐損하나니 是
약유중생   공경예배 관세음보살   복불당손   시

故로 衆生이 皆應受持 觀世音菩薩名號니라.
고   중생   개응수지 관세음보살명호

無盡意여 若有人이 受持六十二億 恒河沙 菩薩名字하고 復
무진의   약유인   수지육십이억 항하사 보살명자   부

盡形토록 供養 飮食衣服과 臥具醫藥하면 於 汝意云何오 是善
진형   공양 음식의복   와구의약   어 여의운하   시선

男子 善女人의 功德이 多不아.
다불
男子 善女人의 功德이 多不아.
남자 선여인　공덕　다불

無盡意 言하사대 甚多하나이다 世尊이시여.
무진의 언　심다　세존

佛言 若有人이 受持觀世音菩薩名號하야 乃至一時라도 禮
불언 약유인　수지관세음보살명호　내지일시　예

拜供養하면 是二人福德이 正等無異하야 於 百千劫에 不可窮
배공양　시이인복덕　정등무이　어 백천겁　불가궁

盡이니라. 無盡意여 受持觀世音菩薩名號하면 得 女是無量無
진　무진의 수지관세음보살명호　득 여시무량무

邊 福德之利하나니라.
변 복덕지리

【국역】

"만약 어떠한 여자가 있어서 자식을 구하고자 하여 관세음
보살께 예배하고 공양하면 큰 복덕이 있고 지혜가 있는 아들
을 낳을 것이요, 또한 딸을 구하고자 하여 관세음보살께 예배
공양하면 인물이 단정하고 아름다운 딸을 낳을 것이니 자녀
모두가 전생에 복덕을 심었기 때문에 사람들이 사랑하고 공
경할 것이니라. 무진의여, 관세음보살이 이와 같은 힘이 있느
니라.

만약 어떠한 중생이라도 관세음보살을 공경하고 예배하면
그 복은 헛되지 않으니 이런 까닭으로 중생은 마땅히 관세음
보살의 이름을 받아 지니고 생각하며 불러야 하느니라.

무진의여, 만약 어떠한 사람이 있어서 육십이억 항하사 모
래수와 같은 보살의 이름을 부르고 다시 그 목숨이 다 할 때

까지 음식과 의복 그리고 와구(요와 이불 등)와 의약으로 공양한다면, 너는 어찌 생각하느냐, 이 선남자 선녀인의 공덕이 많겠느냐, 적겠느냐?"

무진의가 말씀 올렸다.

"심히 많습니다, 세존이시여."

부처님이 말씀하셨다.

"만약 어떠한 사람이 있어서 관세음보살의 이름을 받아 지니고 생각하며, 내지 일시라도 예배 공양하면 이 두 사람의 복이 꼭 같고 다름이 없어서 저 백천만 억겁에 그 복은 다함이 없을 것이다. 무진의여, 관세음보살의 이름을 받아 가지면 이와 같이 한량없고 끝이 없는 복덕의 이익을 얻을 수 있느니라."

【이야기】

신라 말 천성(天成)년간에 신라의 서울인 서라벌에 정보 최은성(正甫 崔殷誠)이라는 불교신자가 있었다. 그는 늦도록 자식을 얻지 못하여 몹시 한스러워 하다가 어느 날 길에서 한 노스님을 만나 여쭈었다.

"무슨 기도를 해야 아들을 얻을 수 있을까요?"

노스님은 "자식을 구하려 하면 관세음보살님께 기도하라"는 법문을 해주었고, 이때부터 최은성은 관음신앙에 눈을 떴다.

최은성은 아내와 함께 신라의 서울 서라벌(경주)에 있는 중생사(衆生寺)에 가서 그 곳에 모셔져 있는 관세음보살상 앞에 간절히 기도했다. "대를 이을 아들을 점지해 주십사" 지성을 다하여 백일기도를 올렸다. 최은성 부부의 간절한 기도는 관세음보살님께 감응도교(感應道交)를 일으켜 기도의 응답이 왔다.

백일기도를 마치는 회향 전날 밤, 최은성 부부는 똑같이 신비한 꿈을 꾸었다. 눈이 부시도록 하얀 옷을 입고 잔잔한 미소를 머금은 백의관세음보살님이 나타나 귀여운 옥동자를 안겨주는 것이었다. 최은성 부부는 감격에 뜨거운 눈물을 흘리면서 옥동자를 받아 안으며 백의관세음보살님께 감사의 절을 올렸다. 신비한 꿈을 꾼 그날부터 최은성의 아내는 태기가 있었고 드디어 소원하던 아들을 낳을 수 있었다.

그러나 최은성에게 딱한 일이 발생하였으니 아이를 낳은 지 석 달이 채 못 되어 백제의 견훤(甄萱)이 대군을 이끌고 서라벌로 쳐들어 왔다. 성안은 난리가 나서 모든 사람들이 너나 할 것 없이 백제군의 무자비한 창칼을 피하기에 급급하여 제 정신이 아니었다.

최은성은 아이를 안고 피난을 나섰는데 피난길에서 아이의 엄마를 잃어버리고 말았다. 혼자 아이를 안고 적군을 피해 달아나던 최은성은 중생사에 뛰어들어 어린애를 안고 관세음보살상 앞에 울며 절하면서 이렇게 간원의 말을 하였다.

"대자대비하옵신 관세음보살님, 지금 서라벌은 온통 적군의 무서운 창칼에 의해 무고한 사람들이 죽어가고 있습니다. 저는 피난길에 아이의 엄마를 잃었습니다. 저는 아이의 엄마를 찾아야 하는데 어린 것을 안고 적병의 창칼 속에서 아내를 찾을 수가 없습니다. 이 아이는 관세음보살님께서 점지하여 주신 자식이므로 관세음보살님이 살려주실 것 같아 잠시 맡기오니 가호하여 주시어 대자대비로 후일 저희 부자가 다시 만날 수 있도록 해주소서…"

최은성은 울면서 절을 올리고 아이를 강보에 싼 채로 관세음보살상이 봉안되어 있는 불탁(佛卓) 속에 넣고 애통한 심정으로 적군을 피해 아내를 찾아 나섰다.

그 후 반달이 지난 뒤에 적군은 물러났다. 최은성은 구사일생으로 어려움을 겪었으나 아내를 찾지 못하고 비통한 심정으로 살아서 중생사로 돌아오게 되었다. 그는 아내와 아이의 생사 여부 생각 때문에 엉엉 울면서 관음보살상전에 도달했다.

기적이 일어났다. 관세음보살상이 앉아 있는 불탁 위에서 꿈에도 잊지 못하던 아들이 바동거리며 건강하게 놀고 있지 않는가. 아이는 포동포동 살이 찌고 상기되 입에서는 젖냄새가 물씬 풍겨오기조차 했다.

아아, 관세음보살님…

최은성은 아이를 안고 꿈만 같은 현실에 너무도 감격하여 울음을 터뜨리며 관세음보살상 앞에 무수히 절을 올리며 감사의 인사를 드렸다.

"대자대비하신 관세음보살님, 감사합니다. 정말 감사합니다."

최은성이 자식을 안고 감격에 흐느낄 때 홀연히 법당 입구 쪽에 기품 있고 고운 젊은 부인이 나타나 그 광경을 보고 고개를 끄덕이며 잔잔히 미소 지었다.

그녀는 최은성의 아이와 비슷한 아이를 키우는 사대부 집의 부인으로 피난길에 가족이 뿔뿔이 흩어져 생사를 알 길이 없게 되고 홀로 아이를 안고 중생사 앞을 지나다가 자력에 이끌리듯 관세음보살상 앞에 서게 되었다. 부인은 자신의 아이를 법당 바닥에 놓고 관세음보살상 앞에 절을 하면서 기도하는데 불탁 속에서 아이의 울음소리가 들려왔다. 부인은 홀로 울고 있는 아이를 발견해 안고 관세음보살상을 우러러 보았다.

관세음보살상은 대자대비의 미소 속에서 부인에게 이렇게 말하는 듯했다.

"불자여, 내가 적군의 화를 피하게 해 줄 터이니 중생사에 머무르면서 아기에게 젖을 주고 돌보아 주어라."

바로 이 아이가 최은성의 아들인 최승로(崔承魯)이고, 훗날 벼슬이 정광(正匡)에까지 올라 나라의 동량이 되었다.

최승로는 어릴 때부터 부모로부터 관세음보살님의 대자대

비한 영험한 기적의 이야기를 듣고 자라면서 일평생 관음신
앙과 함께 고해 대중에게 대자대비를 실천하였다고 전한다.

오, 고해 중생의 스승이요, 어머니인 대자대비하신 관세음
보살님! 저 신라의 최은성의 기도에 응답하여 훌륭한 아들이
태어나게 신통력을 보여 주시었고, 아이가 생사의 고난에 처
할 때는 아이를 가진 기품 있는 부인을 통하여 돌보아 주는
전능한 대자대비를 보여 주시었나이다. 관세음보살님이시여,
이 아름다운 기적의 인연 이야기를 천추(千秋)에 전하나이다.

觀音經 6

無盡意菩薩이 白佛言하사대
무 진 의 보 살 　 백 불 언

世尊이시여 觀世音菩薩이 云何遊此娑婆世界하며 云何而
세 존 　 　 관 세 음 보 살 　 운 하 유 차 사 파 세 계 　 　 운 하 이
爲衆生하여 說法하며 方便之力은 其事云何입니까?
위 중 생 　 　 설 법 　 　 방 편 지 력 　 기 사 운 하

佛告無盡意하사대
불 고 무 진 의

善男子야 若有國土衆生이 應以佛身으로 得度者는 觀世音
선 남 자 　 약 유 국 토 중 생 　 응 이 불 신 　 　 득 도 자 　 관 세 음
菩薩이 卽現佛身하야 而爲說法하며
보 살 　 즉 현 불 신 　 　 이 위 설 법

應以 벽支佛身으로 得度者는 卽現 벽支佛身하야 而爲說法
응 이 　 지 불 신 　 　 득 도 자 　 즉 현 　 지 불 신 　 　 이 위 설 법
하며 應以聲聞身으로 得度者는 卽現聲聞身하야 而爲說法하
　 　 응 이 성 문 신 　 　 득 도 자 　 즉 현 성 문 신 　 　 이 위 설 법

며 應以梵王身으로 得度者는 卽現梵王身하야 而爲說法하며
응 이 범 왕 신　　　　득 도 자　　　즉 현 범 왕 신　　　　이 위 설 법

應以帝釋身으로 得度者는 卽現帝釋身하야 而爲說法하며 應
응 이 제 석 신　　　　득 도 자　　　즉 현 제 석 신　　　　이 위 설 법　　　응

以自在天身으로 得度者는 卽現自在天身하야 而爲說法하며
이 자 재 천 신　　　　득 도 자　　　즉 현 자 재 천 신　　　　이 위 설 법

應以大自在天身으로 得度者는 卽現大自在天身으로 而爲說
응 이 대 자 재 천 신　　　　　득 도 자　　　즉 현 대 자 재 천 신　　　　이 위 설

法하며 應以天大將軍身하야 得度者는 卽現天大將軍身하야
법　　　응 이 천 대 장 군 신　　　　득 도 자　　　즉 현 천 대 장 군 신

而爲說法하며 應以毘沙門身으로 得度者는 卽現毘沙門身하
이 위 설 법　　　응 이 비 사 문 신　　　　득 도 자　　　즉 현 비 사 문 신

야 而爲說法하며 應以小王身으로 得度者는 卽現小王身으로
　　이 위 설 법　　　응 이 소 왕 신　　　　득 도 자　　　즉 현 소 왕 신

而爲說法하며 應以長者身으로 得度者는 卽現長者身하야 而
이 위 설 법　　　응 이 장 자 신　　　　득 도 자　　　즉 현 장 자 신　　　　이

爲說法하며 應以居士身으로 得度者는 卽現居士身하야 而爲
위 설 법　　　응 이 거 사 신　　　　득 도 자　　　즉 현 거 사 신　　　　이 위

說法하며
설 법

【국역】

무진의보살이 부처님께 여쭈었다.

"부처님이시여, 관세음보살이 어떠한 모습으로 사바세계
에 나타나 노니시며 어떠한 내용으로 중생들을 위하여 설법
하시며, 그 방편의 힘은 어떠한 것입니까?"

부처님께서 무진의보살의 질문을 받고 이렇게 대답하시
었다.

"선남자야, 만약 국토의 어떠한 중생을—, '부처'의 몸으로

응하여 제도시킬 자이면 관세음보살이 곧 부처의 몸으로 나타내어서 설법하여 주며, '벽지불'의 몸으로 응하여 제도시킬 자이면 곧 벽지불의 몸으로 나타내어서 설법하여 주며, '성문'의 몸으로 응하여 제도시킬 자이면 곧 성문으로 몸으로 나타내어서 설법하여 주며, '범왕'의 몸으로 응하여 제도시킬 자이면 곧 범왕의 몸으로 나타내어서 설법하여 주며, '제석'의 몸으로 응하여 제도를 시킬 자이면 곧 제석의 몸으로 나타내어서 설법하여 주며, '자재천'의 몸으로 응하여 제도를 시킬 자이면 곧 자재천의 몸으로 나타내어서 설법하여 주며, '대자재천'의 몸으로 응하여 제도를 시킬 자이면 곧 대자재천의 몸으로 나타내어서 설법하여 주며, '천대장군'의 몸으로 응하여 제도를 시킬 자이면 곧 천대장군의 몸으로 나타내어서 설법하여 주며, '비사문'의 몸으로 응하여 제도시킬 자이면 곧 비사문의 몸으로 나타내어서 설법하여 주며, '소왕'의 몸으로 응하여 제도를 시킬 자이면 곧 소왕의 몸으로 나타내어서 설법하여 주며, '장자'의 몸으로 응하여 제도를 시킬 자이면 장자의 몸으로 나타내어서 설법하여 주며, '거사'의 몸으로 응하여 제도를 시킬 자이면 거사의 몸으로 나타내어서 설법하여 주며.

【이야기】

무진의보살이 부처님께 "관세음보살이 어떠한 권능으로 사바세계(고해)의 중생을 제도하시느냐고 물으니 부처님은 관세음보살의 전지전능한 힘은 고해중생이 원하는 모습으로 모습을 나타내어 설법하고 제도하여 마음의 평안과 업장소멸과 함께 이고득락(離苦得樂)케 한다"고 증언하신다.

대자대비한 관세음보살이 중생을 위한 응신(應身)으로 마귀에게 항복받고 불법을 보호하면서 불법을 믿는 사람을 수호한 영험담이 전해오는 바, 관세음보살이 위신력으로 넘치는 집금강신(執金剛神)의 신장으로 응신하여 중생을 구원하였다고 한다.

중국 양(梁)나라 때, 수도승 도융(道融)이 강릉(江陵) 땅을 돌아다니면서 중생들에게 부처님의 정법을 포교하면서 사신(邪神)을 위하는 음사(陰祠)를 헐고 사신의 우상을 불태우며 미신을 타파하기에 전력을 다했다.

그런데 어느 날 밤, 토굴에서 좌선하는데 비몽사몽간에 수많은 잡귀들이 성난 표정과 성난 목소리를 지르면서 떼 지어 몰려왔다. 그 중 잡귀의 우두머리인 무시무시한 귀신이 시퍼런 칼을 뽑아들고 단칼에 도융의 목을 칠 듯이 덤비면서 도융을 향해 격노하여 꾸짖었다.

"너 이놈, 너는 어찌하여 귀신이 영험이 없다고 주둥이를 놀리고 우리가 거처하며 대접받는 집들을 없애는 행패를 부리는 것이냐? 괘씸한 네놈을 죽여 우리의 한을 풀겠다!"

칼을 들고 길길이 날뛰며 덤벼오는 귀신 우두머리와 귀신 떼거리들을 보고 일순 도융은 더럭 겁이 났다. 그러나 관세음보살님을 생각하면서 좌선자세를 앉아 가슴에 합장한 채 일심으로 관세음보살의 명호를 부르기 시작하였다. 귀신의 우두머리가 시퍼런 칼을 높이 들어 도융의 목을 힘껏 내려치려는 순간, 이때 하늘에서 뇌성벽력과 같은 질타가 들려오며 금빛 갑옷을 입은 집금강신장(執金剛神將)이 수하들을 거느리고 금색광명을 내뿜으며 손에는 금강저(金剛杵)를 들고 나타나 잡귀들을 순식간에 때려잡고 도망치는 잡귀들을 향해 주문(呪文)을 외우니 모두 포박(捕縛)되었다.

금빛 갑옷의 신장은 도융에게 합장하여 예를 표하면서 부처님의 정법을 세상에 널리 반포할 것을 부촉하면서 잡귀들을 잡아 홀연히 사라져버렸다. 그 후로 도융에게는 두 번 다시 잡귀들이 나타나지 않았다 한다.

관세음보살의 위신력은 이와 같아서 고해중생들이 일심으로 기도하면 반드시 응답하여 구원하신다는 것을 확신해야 한다.

觀音經 7

應以宰官身으로 得度者는 卽現宰官身하야 而爲說法하며
응 이 재 관 신　　　 득 도 자　　 즉 현 재 관 신　　　　 이 위 설 법

應以婆羅門身으로 得度者는 卽現婆羅門身하야 而爲說法하
응 이 파 라 문 신　　　 득 도 자　　 즉 현 파 라 문 신　　　　 이 위 설 법

며 應以比丘比丘尼와 優婆塞 優婆夷身으로 得度者는 卽現比
　 응 이 비 구 비 구 니　 우 파 새 우 파 이 신　　 득 도 자　　 즉 현 비

丘比丘尼와 優婆塞 優婆夷身하야 而爲說法하며 應以長者 居
구 비 구 니　 우 파 새 우 파 이 신　　 이 위 설 법　　 응 이 장 자 거

士 宰官 婆羅門婦女身으로 得度者는 卽現婦女身하야 而爲說
사 재 관 파 라 문 부 녀 신　　 득 도 자　　 즉 현 부 녀 신　　　 이 위 설

法하며 應以童男童女身으로 得度者는 卽現童男童女身하야
법　　 응 이 동 남 동 녀 신　　　 득 도 자　　 즉 현 동 남 동 녀 신

而爲說法하며 應以 天 龍 夜叉 乾達婆 阿修羅 迦樓羅 緊那羅
이 위 설 법　　 응 이 천 용 야 차 건 달 파 아 수 라 가 루 라 긴 나 라

摩侯羅伽ㅣ 人非人等身으로 得度者는 卽皆現之하야 而爲說
마 후 라 가　 인 비 인 등 신　　 득 도 자　　 즉 개 현 지　　　 이 위 설

法하며 應以執金剛身으로 得度者는 卽現執金剛身하야 而爲
법　　 응 이 집 금 강 신　　　 득 도 자　　 즉 현 집 금 강 신　　　 이 위

說法하나니라.
설 법

無盡意여 是觀世音菩薩이 成就如施功德하야 以種種形으
무 진 의　　 시 관 세 음 보 살　　 성 취 여 시 공 덕　　　 이 종 종 형

로 遊諸國土하사 度脫象生하나니 是故로 汝等이 應當一心으
유 제 국 토　　 도 탈 상 생　　 시 고　 여 등　 응 당 일 심

로 供養觀世音菩薩하면 是觀世音菩薩이 於怖畏急難之中에
공 양 관 세 음 보 살　　 시 관 세 음 보 살　　 어 포 외 급 난 지 중

能施無畏라 是故로 此娑婆世界ㅣ 皆 號之하여 爲施無畏者라
능 시 무 외　 시 고　 차 사 파 세 계　 개 호 지　　　 위 시 무 외 자

하나니라.

無盡意菩薩이 白佛言하사대 世尊이시여 我今에 當ㅣ 供養
무 진 의 보 살　 백 불 언　　 세 존　　 아 금　 당　 공 양

46
觀音經

觀世音菩薩호리다 卽解頸衆寶珠瓔珞이 價值百千兩金이라
관 세 음 보 살　　　즉 해 경 중 보 주 영 락　　가 치 백 천 량 금

而以與之하고 作是言호대 仁者여 受此法施 珍寶瓔珞하소서.
이 이 여 지　　　작 시 언　　인 자　　수 차 법 시 진 보 영 락

【국역】

　'재관'의 몸으로 응하여 제도시킬 자이면 곧 재관의 몸으로
나타내어 설법하여 주며, '바라문'의 몸으로 응하여 제도시킬
자이면 곧 바라문의 몸을 나타내어 설법하여 주며, '비구·비
구니'와 '우바새·우바이'의 몸으로 응하여 제도시킬 자이면
곧 비구·비구니와 우바새·우바이의 몸을 나타내어 설법하
여 주며, '장자·거사·재관·바라문'의 부인으로 응하여 제
도시킬 자이면 곧 그 모든 부인의 몸을 나타내어 설법하여 주
며, '천·용·야차·건달바·아수라·가루라·긴나라·마
후라가·인간·인간 아닌 등'의 몸으로 응하여 제도시킬 자
이면 곧 모두 그 몸을 나타내어 설법하여 주며, '집금강신'의
몸으로 응하여 제도시킬 자이면 곧 집금강신의 몸을 나타내
어 설법하여 주나니라.

　무진의여, 관세음보살이 이와 같은 공덕을 성취하여서 여
러 가지의 형상으로써 모든 국토에 나타나 중생을 제도하고
해탈케 하나니라.

　이러한 까닭으로 너희는 마땅히 일심으로 관세음보살께

공양하라. 이 관세음보살 마하살은 두렵고 위급한 때에 두려운 마음이 나지 않게 베풀어 주시니라. 이러한 까닭으로 이 시바세계에서는 모두 관세음보살을 두고 중생에게 두려움이 없게 하여 주는 성인이라고 하나니라.

무진의보살이 부처님의 말씀을 통해 관세음보살의 공덕을 깨닫고 감동하여 부처님께 말씀 올렸다.

"세존이시여, 관세음보살님께 제가 공양을 올리겠나이다." 하고 목에 걸고 있던 값진 보배구슬인 영락(瓔珞)을 풀어내리니 그 값이 백천량의 비싼 것이었다. 무진의보살은 관음보살님께 예를 갖춰 절하면서 이렇게 말씀을 올렸다. "대성이시여, 보시하오니 저의 영락을 받으시옵소서."

【이야기】

신라국 여성 왕인 선덕여왕 시대에 전해오는 설화이다. 그해 겨울 어느 날, 신라의 수도 서라벌의 어두운 하늘에서는 목화송이 같은 함박눈이 소리 없이 내리고 있었다. 그 눈길을 사십대 초반의 부부가 머리와 어깨에 수북이 눈을 맞으면서 관음사 일주문을 벗어나 집으로 가고 있었다.

부부는 저녁예불에 참석하여 백일을 기한하고 관세음보살 상 앞에서 자식을 점지해 주십사 지성으로 기도해 왔다. 이날도 기도를 마치고 집으로 돌아가는 길이었다. 남편은 박신

(朴信), 부인의 성은 설 씨(薛氏)였다. 백일기도도 끝나 가는데 아직 관음님은 왠지 감응의 기적을 보여주지 않았다.

"우리의 믿음이 아직 부족해서 딸자식 하나도 점지해 주시지 않는 것일까?"

박신은 잠시 걸음을 멈추고 눈 내리는 하늘을 우러르며 탄식을 토하며 말했다. 남편의 속사정을 아는 설 씨는 고개를 숙이고 자신이 전생에 지은 죄업이 무거워 아이를 잉태하지 못하는 것이라고 자책하면서 소리죽여 흐느꼈다.

그들은 서라벌 왕성 밖에서 조그마한 상점인 종이 연꽃집을 경영하고 있었다. 그들은 불교의 독실한 신도로서 다른 장사를 해서 돈을 벌기보다는 신도들이 사서 불전에 바쳐지는 연꽃을 정성껏 만들어 팔아 근근이 생계를 유지하면서 관세음보살전에 매일 기도하며 선인(善因)을 기쁘게 실천하는 착한 부부였다.

눈길을 걸어 집이 가까운 마을 입구 쪽에 이르러 부인이 앞쪽을 가리키면서 말했다.

"여보, 저기 눈 속에 묻힌 것이 사람 아닌가요?"

"오―, 사람이 눈 속에 빠졌군. 어서 구해드립시다."

과연 눈 속에는 사람이 있었다. 칠순이 넘어 뵈는 노파가 눈구덩이에 빠져 나오지 못한 채 기력이 다해 의식은 몽롱해지는 속에 몸이 식어가고 있었다. 행색으로 보아 노파는 걸인신세였고 더구나 앞을 보지 못하는 소경이었다.

박신 부부는 자비심으로 주저하지 않고 노파를 구하여 등에 업고 집으로 뛰었다. 박신 부부의 극진한 간호로 노파는 의식을 회복했다. 노파는 앞을 못 보지만 뜨거운 눈물로 노안을 적시면서 고마워하고 자신의 불운한 신세를 토로했다.

"나는 올해로 나이가 일흔 다섯인데, 자식도 없고 친척도 없답니다. 사십에 과부가 되고 오십에 두 눈마저 안 보이고… 이렇게 떠돌이로 이 마을로 저 마을로 구걸한답니다."

노파는 섧게 울음을 터뜨리고는 이윽고 단정히 앉아 슬픈 음색으로 '관음경'을 외웠다.

설 씨 부인은 슬퍼하면서 놀라운 마음으로 이렇게 말했다.

"저희도 자식이 없답니다. 남의 일 같지가 않군요. 그런데 어쩜 그리도 관음경을 잘 외우세요?"

"늘그막에 외롭고 슬프면 관음경을 외우는 낙으로 산답니다. 지금은 관음경을 거꾸로도 외울 수 있는 걸요. 큰 절의 고명한 큰스님도 관음경을 거꾸로 외우시는 분은 드물걸요."

박신 부부는 의지할 데 없는 노파를 양어머니로 모시고 살자고 합의하고 노파에게 간청했다.

"저희 부부가 할머니를 양어머니로 모셨으면 합니다. 돌아가시면 저희들이 장례도 잘 치러 드릴게요. 저희와 함께 사시면서 저희에게 관음경을 가르쳐 주세요."

그 말을 들은 노파는 보이지 않는 눈에서 뜨거운 눈물을 흘리면서 고마워했다. 그날부터 노파는 하루 세끼의 따뜻한 식사를 할 수 있고 따뜻한 방에서 기거할 수 있었다. 밤이면 셋이서 관음경을 외우며 뜻을 새겼다.

삼년이 흘렀다. 어느 봄날, 노파는 설 씨 부인을 조용히 방 안으로 부르더니 이런 말을 했다.

"오랫동안 신세를 졌습니다. 이제 나는 이 집을 떠나갈까 합니다."

설 씨 부인은 깜짝 놀랐다.

"저희들 정성이 부족해서 떠나시려는 것입니까?"

더욱 정성을 다할 것을 맹세하면서 떠나지 말라고 극구 만류했다.

"꼭 가야 한다우."

"혹 어디 가실 데가 있나요?"

"허허허. 있고말고요."

"어딘가요? 저희 집보다 나은 곳이라면 말리지 않겠습니다 만…"

"주인댁 뱃속에 태어나고 싶어요."

"네? 어머나, 별 농담을 다 하시네요."

설 씨는 남편에게 양어머니의 말을 전했지만 이상한 농담으로 대수롭게 생각하지 않았다. 그러나 다음날 아침 노파는 자기 방에서 관음경을 앞에 놓고 요위에 단정히 좌선자세로 앉아 숨을 거두어 버렸다. 박신 부부는 슬퍼하면서 생전의 약속대로 후히 장례를 치르고 천도제까지 해드렸다.

그러나 이상한 일이었다. 노파가 죽고 나서 설 씨의 몸에 태기가 왔다. 부부는 노파와 연관하여 생각하지 않고 오직 관음님의 감응의 기적으로 믿어 감사기도를 드렸다. 드디어 열 달 만에 천금과 같은 딸을 얻었고 이름을 향련(香蓮)이라고 지었다.

향련은 커갈수록 보통사람과는 비교할 수 없는 천상선녀와 같은 미모와 총기를 보였다. 관음경을 좋아하여 시간만 나면 관음경 외우는 것을 낙으로 삼았다. 열 살 때부터는 대장경을 혼자서 읽고 이해했다. 글방의 선생이 놀랐고, 특히 선문답에 있어서는 서라벌에 유명한 대각선사(大覺禪師)도 쩔쩔 맬 정도였다. 또한 부모님에 대한 효심이 깊어 사람들이 이구동성으로 칭송이 자자했다.

"관세음보살님전에 기도를 드리더니 응답이 온 게야."

어느 날, 우연히 길에서 향련이 대각선사를 만났다.

"큰스님께 여쭐 말씀이 있습니다. 저한테 일전어(一轉語)가 있어서…."

"말해보아라."

"법화경에 '용녀성도(龍女成道)' 이야기에 의하면, 용녀는 8세 때 부처님께 보주(寶珠)를 바치고 득도하였다는데 저는 지금 열 살 나이로서 보주가 없습니다. 그래도 성불할 수 있습니까? 없습니까?"

대각 선사는 내심 진땀을 흘리면서 퉁명스럽게 이렇게 대답했다.

"그런 것을 물으려면 선방으로 오너라."

"승속(僧俗), 산하대지(山河大地) 불법의 도량이 아닌 곳이 없사오니 제 질문에 어서 대답해주세요."

대각선사는 대답을 못하고 어물어물했다. 이러한 모습을 본 향련은 대각선사를 향해 날카롭게 일할(一喝)을 해보이고, 대각선사가 수하고 있는 가사를 벗겨 끌어내리려고 하니 대각선사는 사찰로 줄행랑을 놓듯 사라졌다.

향련이 나이 열여섯 때 사월초파일이었다.

절에 올라가니 승려 한 명이 오직 등을 팔 욕심으로 오는 신도들에게 친절하게 하지 않고 거만한 표정으로 시주만 청하고 있었다. 향련은 등을 팔려는 승려에게 다가가 진지하게 질문했다.

"스님, 이 절에 장식한 무수한 등에서 어떤 등이 제일 밝나요?"

"불전에 걸어 놓은 비싸고 큰 등이 제일 밝지."

"불등(佛燈)은 많은데 심등(心燈)은 어디 있나요?"

"뭐? 글쎄…?"

"심등(心燈)도 모르면서 등만 팔려고 해요?"

향련은 빙긋 웃으며 그 승려의 머리를 마치 장군죽비로 경책하듯 주먹으로 두 대 내려 갈겼다.

"아얏! 이 아가씨가 왜 이래? 미쳤소?"

승려는 뜻밖의 봉변에 얼굴이 붉으락푸르락 하며 씩씩거리는데 이를 지켜본 대각선사는 껄껄 웃으며 화내는 승려를 진정시켰다.

향련의 나이 열일곱이 되던 해 양친은 속세의 인연이 다해 앞서거니 뒤서거니 하여 세상을 떠나갔다. 향련은 깊은 슬픔 속에 정성들여 장례를 치루고 양친의 극락왕생을 위해 부처님 전에 지성으로 천도제를 드렸다.

부모 없는 혼자가 되었지만 선녀처럼 아름다운 향련에게 지체 높은 집에서 혼담이 무수히 들어왔다. 향련은 왠지 결혼에 뜻이 없어 보였다. 번번이 웃으며 강력히 사양했다.

어느 화창한 봄 날, 향련은 많은 사람들의 기대와는 달리 자신의 방안에서 관음경을 앞에 놓고 단정히 좌선자세로 숨을 거두어 버렸다. 향련의 앞 방위에는 화선지에 향련이 쓴 사행(四行)의 사세(辭世) 시문(詩文)이 이렇게 적혀 있었다.

나는 본래 속세 떠난 임천(林泉)의 벗이었는데
인연 따라 홍진(紅塵)을 밟았네
이제 속세에 더 깊이 빠지지 않기 위하여
십일면(十一面) 관음보살님께 돌아가려네.

향련의 시신은 대각선사가 직접 나서 애도하며 제자들과
정중히 거둬 화장(火葬)을 하였다. 불이 활활 타오르자 한 줄
기 서광(瑞光)이 하늘을 찌를 듯했다. 그 서광은 관음사 쪽으로
가 관음사 관세음보살상으로 들어갔다. 향련을 화장한 뒤 대
각선사는 재로 변한 향련의 몸을 수습하니 놀랍게도 오색사
리가 무수히 나타나 서기(瑞氣)를 뿜어냈다. 대각선사는 향련
의 사리탑을 세워 후세에 전했고, 후세인들은 향련의 사리탑
앞에 옷깃을 정제하고 합장하여 예의를 표하였다. 향련은 관
음경을 평생 마음에 새긴 할머니의 박 씨 부부에 대한 보은의
환생이었다는 전설이 전해온다.

觀音經 8

時에 觀世音菩薩이 不肯受之어늘 無盡意ー 復白觀世音菩
시   관세음보살   불긍수지   무진의   부백관세음보

薩言하사대 仁者는 愍我等故로 受此瓔珞하소서. 爾時에 佛告
살언 인자 민아등고 수차영락 이시 불고

觀世音菩薩言하사대 當然此無盡意菩薩과 及四衆 天 龍 夜叉
관세음보살언 당연차무진의보살 급사중 천 용 야차

乾達 婆 阿修羅 迦樓羅 緊那羅 摩 羅伽 人非人等故로 受是瓔
건달 파 아수라 가루라 긴나라 마 라가 인비인등고 수시영

珞하라 卽時에 觀世音菩薩이 愍諸四衆과 及於 天 龍 人非人
락 즉시 관세음보살 민제사중 급어 천 용 인비인

等하여 受其瓔珞하야 分作二分하여 一分은 奉釋迦牟尼佛하
등 수기영락 분작이분 일분 봉석가모니불

고 一分은 奉多寶佛塔하니라. 無盡意여 觀世音菩薩이 有如是
일분 봉다보불탑 무진의 관세음보살 유여시

自在神力하여 遊於娑婆世界하나니라 爾時에 無盡意菩薩이
자재신력 유어사파세계 이시 무진의보살

以偈로 問曰하대
이게 문왈

世尊妙相具하시니 我今重問彼하옵나니
세존묘상구 아금중문피

佛子何因緣으로 名爲觀世音菩薩이옵니까
불자하인연 명위관세음보살

具足妙相尊이 偈答無盡意하사대
구족묘상존 게답무진의

汝聽觀音行의 善應諸方所할지어다
여청관음행 선응제방소

弘誓深如海하여 歷劫不思議하며
홍서심여해 역겁불사의

侍多千億佛하여 發大淸淨願하니
시다천억불 발대청정원

我爲汝略說하노니 問名커나 及見身하여 心念不空過하면
아위여략설 문명 급견신 심념불공과

能滅諸有苦하리라.
능멸제유고

【국역】

그때에 관세음보살이 기꺼이 받지 아니하니 무진의보살이 다시 관세음보살에게 말하되,

"대성은 우리들을 불쌍히 여기사 이 영락을 받으소서."

그때에 부처님께서도 관세음보살에게

"마땅히 무진의보살과 사부대중·천·용·야차·건달바·아수라·긴나라·마후라가·인·비인 등을 불쌍히 여겨 이 영락을 받으라."고 말씀하시니, 관세음보살이 모든 사중과 천·용·인·비인 등을 불쌍히 여기사 그 영락을 받아서 두 갈래로 나누어 일부는 석가모니불 부처님께 올리고 일부는 다보여래(多寶如來)탑에 올렸다.

부처님은 말씀하셨다.

"무진의여, 관세음보살이 이와 이 자재신력이 있어 사파세계에 노닐어 행하나니라."

그때에 무진의보살이 게송으로써 부처님께 물어왔다.

"묘상이 구족하신 세존이시여, 이제 다시 관세음보살에 대해 묻사옵니다. 불자가 어떤 인연으로 이름을 관세음보살이라고 하시나이까?"

묘상이 구족하신 부처님께서 무진의보살에게 게송으로 답하시었다.

"관세음보살의 거룩한 덕행이 곳곳에 나타남을 네가 들으

라. 큰 서원 바다같이 깊고 부사의겁 오래 살아오며 천만억
부처님을 믿고 섬기어 크고 맑은 원력 세웠도다. 너희가 알기
쉽게 설하리니 관세음보살 명호라도 듣거나 친견하거나 마
음에 섬기어 지성을 다하면 능히 너희의 모든 고통을 멸해 줄
것이로다."

【이야기】

대한민국 전북 익산에 '소금장수 명당'이라는 곳이 있다.
무덤 뒤에는 작은 산이 있어 북풍을 막아주고 30미터도 채 안
되는 앞에는 사시사철 물이 잔잔히 흐르는 시냇가 같은 농수
로가 있다. 지금은 제법 큰 무덤과 조경 사업을 잘해서 눈에
잘 띄지만 처음에는 초라하기 짝이 없는 임자 없는 흙무더기
나 진배가 없었다.

초라한 그 무덤을 두고 지나가는 어느 스님은 처음 말하기
를, "무덤은 지금은 초라하지만 장차 죽은 이의 자식 대에 자
손창성과 재물이 불같이 일어나는 발복의 터인 명당이다."라
고 찬탄하였다.

발 없는 말이 천리 간다는 속담처럼 이 소문은 순식간에 인
구에 퍼졌다. 그러나 오가는 행인들은 초라한 무덤 속에 잠들
어 있는 사람이 가족조차 없는 듯 찾아오는 자손이 없고, 또
10여년이 흘러도 변화 없이 여전히 초라한 무덤을 보고 승려

가 거짓말을 했다며 코웃음을 쳤다.

해방 전, 익산 춘포면 쪽의 마을에 지게에 무거운 소금가마니를 얹어 짊어지고 가가호호 찾아다니며 "소금 사시오, 소금!" 하고 외치며 소금을 파는 60대 중반의 노인이 있었다.

노인은 천성이 마음이 착했지만 워낙 가난하여 식구들의 호구지책이 어려워 생계수단으로 지게에 소금가마니를 짊어지고 먼 시골길을 터벅터벅 걸어 소금장사 길에 나서곤 하였다.

노인은 전생에 복을 지은 것이 없어서인가, 가난 속에서 고통스러웠지만 장사를 마치고 움막집인 자신의 집으로 귀가하면 언제나 밝게 웃으며 때늦게 결혼한 아내와 두 아들을 얼싸안고 기뻐하였다.

그리고 사위가 적요한 밤이 되면 노인과 아내는 작은 상에 청수 물을 떠 놓고 나직한 음성으로 합창하여 '관세음보살' 명호를 반복해서 부르는 기도 정근을 하였다. 그리고 소원을 간절히 이렇게 드렸다.

"대자대비하옵신 관세음보살님, 저희는 이제 늙어서 소원이 없습니다. 그저 자식들 대에서는 가난의 고통에서 벗어나게 해주십시오."

노인은 관음경에 적혀 있는 관세음보살의 위신력을 믿어 의심치 않았다.

노인이 마지막으로 소금 장사를 하기 위해 집을 떠나는 그
날은 전날 밤부터 눈이 많이 내려 쌓인 눈은 발목까지 푹푹
빠질 지경이었다. 워낙 가난했기에 노인은 만류하는 아내와
자식을 뒤로하고 무거운 소금지게를 지고 장삿길에 나서지
않을 수가 없었다. 노인은 눈길을 걸어 허기진 배를 안고 이
마을 저 마을 애타게 "소금사려!" 하고 외쳤지만 사람들은 추
위에 내다보지도 않았다. 허기진 배, 혹한의 날씨, 걸음조차
자유롭게 옮길 수 없이 빠져드는 눈길… 노인은 기진맥진의
상태가 찾아왔다.

노인은 탈진하여 시야가 흐려 왔고 도저히 더 이상 걸음을
옮길 수 없을 정도로 비틀거렸다. 노인은 어딘가에 소금지게
를 받쳐놓고 쉬고 싶었다. 외진 산길을 힘겹게 걸으며 쉴 곳
을 찾아 두리번거리던 노인은 유독 눈이 녹아 있는 빈 터를
보았다. 노인은 눈 녹은 잔디밭에 지게를 받치고 지게 밑에
쪼그리고 앉아 양 무릎 사이로 두 손을 넣고 얼굴을 파묻고
꾸벅꾸벅 졸기 시작했다.

노인은 비몽사몽간에 고래 등 같은 기와집의 크고 따뜻한
방에서 사랑하는 아내와 자식들과 함께 맛있는 요리상을 놓
고 즐겁게 식사하는 자신을 발견했다. 식사를 마치고 노인은
아내와 함께 합창하여 관음보살의 명호를 부르기 시작했다.
관세음보살이 노인 앞에 나타나 눈물을 흘리는 모습도 보였

다. 노인의 의식이 흐려져 가는 가운데 하늘에서는 눈이 계속 내렸다.

눈 속에 묻힌 노인의 시체는 눈이 녹아서야 행인들에 의해 발견되었다. 행인들은 시체를 두고 어디서 온 노인인지, 누구인지, 주소 성명을 알 수 없기에 사람들은 딱한 얼굴로 어찌 할 바를 몰랐다. 때마침 근처의 암자에 사는 스님 한 분이 이 소식을 듣고 달려왔다. 꿈꾸는 듯 표정으로 얼어있는 소금장수를 위해 스님은 왕생극락을 기원하는 독경을 하고는 마을 사람들에게 죽은 소금장수를 죽어있는 그 자리에 묻어 주도록 하면서 이렇게 말했다.

"엄동설한에 눈이 녹아있는 그 자리는 명당입니다. 장차 10년 안팎에 성공한 자식들이 아버지를 찾아올 것입니다."

이어서 스님은 말했다.

"명당은 아무나 들어가지 못한답니다. 돈과 권력으로도 안되지요. 살아생전에 기도를 많이 해야 그 선과(善果)로 죽어 명당에서 쉴 수 있는 것입니다. 소금장수 노인은 평소 기도를 많이 하신 분임에 틀림없습니다."

과연 그 스님의 예언대로 10여년 후 아들들은 모두 성공하여 어머니와 함께 실종되어버린 아버지를 찾아 나섰다. 마을마다 과거 소금지게를 지고 장사하던 노인의 모습을 이야기하며 수소문의 길로 나선 것이다. 마침내 소금장수 노인의 가족은 무덤을 찾을 수가 있었다.

　노인의 아내와 아들들은 아버지의 유골을 고향으로 이장하려고 하였으나 스님의 말을 듣고는 이장하지 않고 초라한 무덤을 크고 보기 좋게 조성했으며 소금장수의 후손들은 발복하여 명망 있는 부자가 되었다. 이 후 명망 있는 풍수지리 학자들은 물론이요, 명당에 관심이 있는 일반사람까지 유명한 소금장수 명당을 보기 위해 줄을 이었다. 노인의 관세음보살을 향한 지극지성의 관음기도는 자신의 대에 전생의 나쁜 정업인 빈천보(貧賤報)를 소멸하고 자식 대에 발복하는 행운을 성취한 것이다.

觀音經 9

假使興害意야 推落大火坑이라도 念彼觀音力하면 火坑變
가 사 흥 해 의　　추 락 대 화 갱　　　염 피 관 음 력　　　화 갱 변
成池하며
성 지

或漂流巨海하야 龍魚諸鬼難이라도 念彼觀音力하면 波浪
혹 표 류 거 해　　용 어 제 귀 난　　　염 피 관 음 력　　　파 랑
不能沒하며
불 능 몰

或在須彌峰하여 爲人所推墮라도 念彼觀音力하면 如日虛
혹 재 수 미 봉　　위 인 소 추 타　　　염 피 관 음 력　　　여 일 허
空住하며
공 주

或被惡人逐하야 墮落金剛山이라도 念彼觀音力하면 不能
혹 피 악 인 축　타 락 금 강 산　염 피 관 음 력　불 능

損一毛하며
손 일 모

或値怨賊饒하야 各執刀加害라도 念彼觀音力하면 咸卽起
혹 치 원 적 요　각 집 도 가 해　염 피 관 음 력　함 즉 기

慈心하며
자 심

或遭王難苦하야 臨刑欲壽終이라도 念彼觀音力하면 刀尋
혹 조 왕 난 고　임 형 욕 수 종　염 피 관 음 력　도 심

段段壞하며
단 단 괴

或囚禁枷鎖하야 手足被杻械라도 念彼觀音力하면 釋然得
혹 수 금 가　수 족 피 뉴 계　염 피 관 음 력　석 연 득

解脫하리라
해 탈

呪詛諸毒藥으로 所欲害身者라도 念彼觀音力하면 還着於
주 저 제 독 약　소 욕 해 신 자　염 피 관 음 력　환 착 어

本人하며
본 인

或遇惡羅刹과 毒龍諸鬼等이라도 念彼觀音力하면 時悉不
혹 우 악 라 찰　독 룡 제 귀 등　염 피 관 음 력　시 실 불

敢害하며
감 해

若惡獸繞하여 利牙爪可怖라도 念彼觀音力하면 疾走無邊
약 악 수 요　이 아 조 가 포　염 피 관 음 력　질 주 무 변

方하며
방

완蛇及복갈이 氣毒煙火燃하여도 念彼觀音力하면 尋聲自
사 급　기 독 연 화 연　염 피 관 음 력　심 성 자

廻去하며
회 거

雲雷鼓電하고 降雹澍大雨라도 念彼觀音力하면 應時得消
운 뢰 고 전　강 박 주 대 우　염 피 관 음 력　응 시 득 소

散하며
산

衆生被困厄하여 無量苦逼身이라도 觀音妙智力이 能救世
중 생 피 곤 액　　　　무 량 고 핍 신　　　　관 음 묘 지 력　　　능 구 세

間苦하며
간 고

具足神通力하고 廣修智方便하야 時方諸國土에 無刹不現
구 족 신 통 력　　　　광 수 지 방 편　　　　시 방 제 국 토　　　무 찰 불 현

身하며
신

種種諸惡趣와 地獄鬼畜生의 生老病死苦를 以漸悉令滅하
종 종 제 악 취　　지 옥 귀 축 생　　생 로 병 사 고　　이 점 실 령 멸

나니라.

【국역】

혹은 어떤 사람이 해치고자 하여 큰 불구덩이에 떠밀어 떨
어진다 하여도 관세음보살의 위신력을 일심으로 생각하면 불
구덩이가 문득 연못으로 변할 것이며, 혹은 바다에서 표류할
때 용이며 고기떼와 모든 귀신의 난이 있을 지라도 관세음보
살의 위신력을 간절한 일심으로 생각하면 물결도 잔잔할사
되살아 날 것이다.

혹은 천만 길 높은 산봉우리에 있을 때 어떤 사람이 별안간
벼랑으로 떠밀더라도 관세음보살의 위신력을 일심으로 생각
하면 햇빛 같이 허공으로 살포시 날아 내릴 것이며, 혹은 악
인에게 쫓겨 놀란 결에 험한 골짜기에 떨어질 때도 관세음보
살의 위신력을 일심으로 생각하면 털끝 하나 절대로 다치지
않을 것이다.

혹은 원수나 도적떼들이 제각기 칼을 잡고 해치고자 하여도 관세음보살의 위신력을 일심으로 생각하면 상대가 도리어 자비심을 일으킬 것이며, 혹은 억울하게 왕에게 죄를 받아 형장에 끌려가 칼을 받아 목숨이 끝나는 때라도 관세음보살의 위신력을 일심으로 생각하면 칼이 조각조각 나버리며, 혹은 나무칼에 갇히고, 수족에 '차꼬'(수갑과 족쇄)를 채워도 관세음보살의 위신력을 일심으로 생각하면 모든 고통에서 벗어날 수 있을 것이다.

혹은 주술과 독약으로써 해치고자 하는 자가 있어도 관세음보살의 위신력을 일심으로 생각하면 도리어 그 해독이 해치고자 하는 자에게 돌아가며, 혹은 악한 나찰과 독룡과 귀신떼를 만날 지라도 관세음보살의 위신력을 일심으로 생각하면 때를 알고 감히 해치지 못할 것이다.

만약 사나운 맹수들이 에워싸 날카로운 이빨과 발톱으로 공포를 주어도 관세음보살의 위신력을 일심으로 생각하면 저 변방으로 달아나 없어질 것이며, 살모사와 독사며 쏘는 독충들이 불꽃같은 독기를 뿜고 덤벼들지라도 관세음보살의 위신력을 일심으로 생각하면 스스로 돌이켜 사라질 것이며, 뇌성벽력 우르릉 번개가 치고 우박이며 큰 비가 쏟아질 때도 관세음보살의 위신력을 일심으로 생각하면 이내 하늘은 맑게 개일 것이다.

중생이 곤액을 당해 한량없는 고통이 뼈에 사무친다 하여도 관세음보살의 위신력을 일심으로 생각하면 관세음보살의 미묘한 지혜의 힘이 능히 이 세상 모든 고통에서 구해줄 것이며, 신통력 구족할사 관세음보살, 지혜와 갖은 방편 널리 닦아 시방의 모든 국토에 아니 나투는 곳이 없으며, 여러 가지 육취중생들 지옥이며 아귀와 축생들까지 낳고, 늙고, 병들고, 죽는 윤회의 고통을 차츰차츰 없애 주리라.

【이야기】

중국의 고승 자은법사전(慈恩法師傳)의 이야기를 소개한다.

자은법사가 홀로 옥문관(玉門關)을 거쳐 사막을 지나는 길에 우연히 호인(胡人) 석반타(石盤陀)라는 장년의 사내와 만나 동행하는데 날이 저물고 말았다.

두 사람은 인가 없는 사막에 별 도리 없이 잠을 자게 되어 잠자리를 마련하고 잠을 청하였다. 자은법사가 막 잠이 들려는데 돌연 옆에서 자는 척 하던 석반타가 강도로 돌변하여 자은 스님의 몸에 올라타고 앉아 서릿발 같은 비수를 뽑아들어 죽일 듯이 자은법사의 목을 겨누면서 사납게 큰소리로 협박하였다.

"꼼짝 마라! 네 놈을 저 세상에 보내주고 네 물건을 내가 수입 잡으련다!"

자은 스님은 깜짝 놀랐고 믿을 수가 없었다. 마른하늘에 날벼락과 같이 그토록 사람 좋아 보이는 사내가 돌연 악귀로 돌변한 것이다.

자은법사는 경황 중에 애원했다.

"내 지니고 있는 물건은 모두 가지시오. 그러나 목숨만은 빼앗지 말아주시오."

"수도승이 죽는 것이 겁이 나느냐?"

"아니요. 아직 도를 깨닫지 못하고 죽는 것이 억울해서입니다."

"안 돼! 나는 내 얼굴을 본 놈은 지금까지 한 놈도 살려준 적이 없어!"

"그러면 내가 기도하는 도중에 목을 쳐 죽여 주시오. 이 부탁도 못 들어주겠소?"

"그거야 어렵지 않지. 어서 기도해라."

자은법사는 어렵게 인간으로 태어나서 더더욱 어렵게 출가 승려가 되었으나 부처님처럼 깨달음을 얻지 못하고 도적의 칼에 허무하게 죽는 것이 진심으로 억울하고 슬펐다. 자은법사는 마음을 다잡고 옷깃을 정제하여 엄숙히 좌정해 가슴에 합장하고는 고성으로 "나무관세음보살"을 부르는 기도를 하기 시작했다.

자은법사는 마음속에 "도를 깨닫지 못하고 비명에 죽는다"

는 것이 너무 억울하여 뜨거운 눈물로 양 볼을 적시면서 소리쳐 "관세음보살"을 부르기 시작했다. 석반타는 자은법사의 등 뒤에서 목을 찌르려고 칼을 높이 쳐들었다.

그때 석반타의 마음에 동요가 일기 시작했다. 도적이 되어 사람의 목숨을 파리처럼 죽여 온 석반타에게 있을 수 없는 양심의 소리가 가슴에서 소용돌이쳐 올라온 것이다. 석반타는 갑자기 칼을 든 손은 물론이요, 사진 전체에 어떤 신비한 힘에 의해 힘이 쑤욱 빠지는 것을 느꼈다. 석반타의 몸은 움직여지지가 않았다. 석반타는 생전 처음 신비한 힘에 대한 공포를 절감하고서는 무섭게 자은법사를 노려보더니 내뱉듯이, "도저히 못 죽이겠구먼. 직업을 바꿔야 하겠어."라고 말하고는 어두운 사막 속으로 도망쳐 버렸다.

자은법사는 석반타가 사라진 어두운 사막을 바라보면서 곧 관세음보살의 위신력이 응답하였다는 것을 믿어 의심치 않았다. 자은법사는 그날로부터 더욱 깊은 관음신앙 속에 수행 정진하여 마침내 부처님의 진리를 확철대오 하였다. 자은법사는 그 후로도 고난에 처할 때마다 관세음보살의 영험한 가호를 체험할 수 있었다. 그는 자신이 열반에 들 때까지 세상 사람들에게 관음신앙을 권했고 중생에게 헌신하는 선인(善因)을 많이 심었다.

眞觀淸淨觀하며　廣大智慧觀하며　悲觀及慈觀하나니　常願
진관청정관　　　광대지혜관　　　비관급자관　　　　상원
常瞻仰해야 하나니
상첨앙

無垢淸淨光이며　慧日破諸暗이라　能伏災風火하고　普明照
무구청정광　　　혜일파제암　　　능복재풍화　　　보명조
世間이니라
세간

悲體戒雷震과　慈意妙大雲으로　澍甘露法雨하야　滅除煩惱
비체계뢰진　　자의묘대운　　　주감로법우　　　멸제번뇌
염하며

爭訟經官處와　怖畏軍陳中이라도　念彼觀音力하면　衆怨退
쟁송경관처　　포외군진중　　　　염피관음력　　　중원퇴
散하며
산

妙音觀世音과　梵音海潮音이　勝彼觀音이니　是故須常念
묘음관세음　　범음해조음　　승피관음　　　시고수상념
하라

念念勿生疑하라　觀世音淨聖이　於苦惱死厄에　能爲作依호
염염물생의　　　관세음정성　　어고뇌사액　　능위작의
니라

具一切功德하사　慈眼視衆生하며　福聚海無量일새　是故應
구일절공덕　　　자안시중생　　　복취해무량　　　시고응
頂禮니라
정례

爾時에　持地菩薩이　卽從座起하야　前白佛言하사대　世尊하
이시　　지지보살　　즉종좌기　　　전백불언　　　세존
若有衆生이　聞是觀世音菩薩普門品自在之業과　普門示現神通
약유중생　　문시관세음보살보문품자재지업　　　보문시현신통

力者는 當知是人은 功德이 不少니다 佛說是普門品時에 衆中
력자   당지시인   공덕   불소   불설시보문품시   중중

八萬四千衆生이 皆發無等等阿多羅 三普提心하나니라.
팔만사천중생   개발무등등아다라   삼보제심

觀音經(妙法蓮華經觀世音菩薩普門品) 終
관 음 경 묘법연화경관세음보살보문품 종

【국역】

관세음보살은 고해중생계를 향한 참다운 관찰자이며 청정한 관찰, 크고도 넓은 지혜의 관찰, 가없는 관찰자이며 자비의 관찰을 하나니 항상 우러러 염원해야 하나니라.

티끌 없이 맑은 광명, 지혜의 햇빛으로 어둠을 깨부수고, 불과 바람의 재앙도 항복 받아서 널리 세간을 밝게 비추나니라. 중생을 가엾이 여기는 마음 우레와 같고, 자비를 베푸는 마음 구름과 같이 일어나 시원한 감로수법과 같은 비를 뿌려 불꽃같은 번뇌를 식혀 주리라. 송사와 다툼으로 관청 갈 때나 목숨을 걸고 나선 전쟁터라도 관세음보살 위신력을 간절히 생각하고 기도드리면 허다한 원수들도 저절로 물러나 사라지리라.

중생구제를 위한 설법으로 관세음보살의 자재한 묘음인 범음과 해조음은 세간 어느 음성보다 뛰어나나니 항상 거룩히 생각하여라.

고해중생이여, 생각생각 관세음보살에 대해 의심하지 말

지이다. 거룩한 관세음보살은 중생이 번뇌 속에 죽을 액운에 능히 구원해 줄 것이니.

일체공덕 구족하고 대자비로 중생을 살피사 바다 같은 복덕이 한량이 없나니 이러한 고로 마땅히 공해중생은 예를 갖춰 관세음보살을 향하여 귀의하고 믿어야 하나니라.

그때에 '지지보살'이 환희심으로 대중을 대표하여 자리에서 일어나서 부처님께 말씀 올렸다. "세존이시여, 만일 어떠한 중생이 이 '관세음보살보문품'을 통해서 관세음보살이 자재한 위신력으로 시방세계에 보문으로 시현하시어 고해중생을 구원해주신다는 것을 깨닫고 확신한다면, 이 사람의 공덕은 적지 않다는 것을 절대적으로 믿겠습니다."

부처님께서 이 관음경, 즉 보문품을 설하실 때에 인간을 위시하여 사람 아닌 중생까지 포함하여 팔만사천의 중생이 모두 무등등(無等等)의 '아뇩다라삼막삼보리심(發阿耨多羅三藐三菩提心)을 발하였다.

【이야기】

삼국유사에 등장하는 신라의 향가(鄕歌) 가운데 도천수대비가(禱千手大悲歌)를 보면, 고통 받는 중생이 관세음보살전에 간절히 애원조로 기도하는 기도문이 한없이 슬프게 느껴진다. 일부를 인용하면 다음과 같다.

"─무릎 꿇고 두 손 모아 관음전에 비옵나니 천수(千手) 천안(天眼)의 그 중 한 눈, 눈 먼 저에게 주옵소서. 아아, 저에게 주옵시면 자비 더욱 크오리다."

향가를 통해서 앞을 보지 못하는 중생이 슬픔 속에 관음보살님께 간절히 기도드리는 모습을 상상할 수 있다.

나는 80년 초에 국보 13호 벽화 32점이 보존되어 전시되는 무위사(無爲寺 : 전남 강진군 성전면 죽전리 소재) 주지를 8년간 할 때의 이야기다.

그 해, 만산에 진달래꽃이 흐드러지게 피는 화창한 봄날에 산새소리 가득한 강진 무위사에 중년의 남자가 찾아왔다. 필자는 그때 무위사 큰 법당인 극락보전 앞에 있는 고목나무 밑에 놓여 있는 깨진 맷돌 위에 정좌하여 명상에 잠겨 있었다.

남자는 필자에게 정중히 합장 인사를 하고는 어눌한 음성으로 무위사에 관세음보살님의 국보 벽화가 봉안되어 있다는 소식을 듣고 불원천리 찾아왔으며 관음기도를 지성껏 모셔보고 싶노라고 허락을 구해왔다.

그는 슬픈 얼굴로 후리후리한 키에 회색 양복을 입었고 한 손에는 낡은 트렁크를 힘겹게 들고 있는데 이상하게도 짙은 선글라스를 쓰고 있었으나 필자는 이내 그의 설명을 듣고 속사정을 알았다. 그는 당뇨병이 심해 합병증으로 눈이 잘 보이지 않는다고 한탄하고 슬퍼했다.

그는 경북 포항 사람으로 그동안 자그마한 개인 사업을 하며 일개미처럼 열심히 일을 했다고 했다. 그런데 어느 날인가 당뇨병의 합병증으로 갑자기 두 눈이 어두워 오더니 앞이 거의 보이지 않는다는 것이었다.

"아, 내가 앞을 못 보게 되다니…."

그는 나날이 잃어가는 시력을 회복하기 위해 발악하듯 몸부림을 치며 유명하다는 병원은 전국적으로 찾아 다녔다. 병원에서는 속수무책이었다. 절망에 빠져 울고 있는 그에게 누군가 마지막으로 관세음보살님전에 기도할 것을 권했다. 그래서 그는 무위사의 국보 백의관음보살상을 찾아왔다는 것이다.

그의 이름은 오정수(嗚定洙). 필자는 오정수 씨의 딱한 이야기를 듣고 무위사에서 기도할 것을 흔쾌히 허락하였다. 오정수는 각오의 뜻으로 이발소에 가서 머리카락을 승려처럼 밀어버렸다. 그리고 극락보전 안에 있는 후불벽화인 수월백의관음벽화 앞에서 촛불과 향화를 받들면서 백일을 기한하고 천념 염주를 헤아리며 지성으로 관음기도를 올리기 시작했다. "관세음보살, 관세음보살…" 죽기 살기의 간절한 기도였다

오정수의 간절한 기도 소리는 무위사의 적막한 도량에 넘쳐흘렀다. 지극지성으로 기도하던 오정수는 백일기도가 끝나

가는 즈음에 놀랍게도 관음기도의 응답이 찾아왔다. 거의 보이지 않던 두 눈이 환히 보여진다고 외쳤다. 그는 "기적이라는 것이 있다는 것을 이제 확신합니다."

백일기도를 회향하고 오정수는 다시 트렁크를 들고 필자 앞에 섰다. 눈이 웬만하니 이제 걱정하며 고대하는 처자에게 달려가고 싶고, 사회에 나가서 돈을 벌어 가장의 책무를 다해야 하겠다는 것이다.

작별하는 즈음에 오정수는 호주머니에서 돈 봉투를 꺼내 그동안 산사에서 체류하게 해준 감사의 인사를 하면서 부족한 돈이지만 시주금으로 받아달라고 간청하며 필자의 손에 억지로 쥐어 주었다. 필자는 그 돈을 돌려주며 이렇게 작별의 인사를 했다.

"우리 인연 있어 또 만날 수 있기를 바랍니다."

필자는 멀어져가는 버스 차창을 통해 오정수 씨의 흔드는 손을 답례하여 마주 손을 흔들면서 내내 앞서의 신라의 향가를 떠올렸다.

"—무릎 꿇고 두 손 모아 관음전에 비옵나니 천수 천안의 그 중 한 눈, 눈 먼 저에게 주옵소서. 아아, 저에게 주옵시면 자비 더욱 크오리다."

그 기도의 향가처럼 관세음보살이 오정수 씨의 간절한 기도에 응답하신 것이다.

전생에 스스로 지은 숙명으로 울고 웃다가 저승으로 떠나는 고해대중이여, 즐거우나 슬프나 괴로우나 우주의 본체 오직 한 분 법신불의 화신인 관세음보살님전을 의지하며 간절한 기도로써 희망과 용기를 얻으시라. 우리 모두 숙명의 세연이 다하면 홀로 외로운 영혼이 되어 먼 윤회의 길을 떠나게 되니 오직 관세음보살님을 의지하시라. 오직 그 분만이 우리가 생존해 있을 때나 죽음을 맞이할 때, 우리의 외로운 영혼을 구원해 주신다는 것을 믿고 항상 기도하시라.

고해대중이여!

다생겁래의 악업의 정업을 소멸하고 행운의 인생을 맞이하고, 다음 생, 영혼의 극락왕생을 원한다면 관음기도가 제일이라는 것을 믿어 의심치 말고 "관세음보살, 관세음보살… 기도정진 하시라."

제 2 장

마음공부와 기도 1

1. 부처님은 왜 신앙의 대상인가

　지구촌에는 수많은 종교가 있고 사이비종교(似而非宗教)가 있어 중생을 제각각 인도하려고 진력하고 있다. 그러나 진실로 마음에 큰 깨달음이 있어 반야심경의 구절, "심무가애 무유공포 원리전도몽상(心無가碍 無有恐怖 遠離顚倒夢想)"의 경지를 알고 삼세인과(三世因果)를 안다면, 일상사에 우비고뇌(憂悲苦惱)는 있을 수 없고 복진타락(福盡墮落)의 고통으로 울부짖음과 생사에 초연할 수 있어 종교가 필요 없다 할 수도 있다.

석가모니불은 인간으로 오신 법신불의 화신(化身)

　그러나 우주의 진리인 도를 깨달아 삼세윤회에서 벗어나 생사를 자유자재로 하고, 영원한 복락을 누릴 수 있는 아미타(無量壽) 부처님의 세계, 극락세계로 확실히 직행하기 위해서는 불교에 입교하여 불교수행을 게을리 해서는 안 되는 것이니 불교는 만고광명(萬古光明)을 주는 태양처럼, 영원한 진리를 가르치는 우주의 정법이기 때문이다. 여러분이 불교를 바로 알고자 한다면 불교의 삼신사상(三身思想)을 깨닫고 가슴에 잊지 말아야 할 것이다.

여러분이 고찰(古刹)을 찾으면 큰 법당이 있는 바, 큰 법당의 붓글씨 현판이 대웅보전(大雄寶殿) 대적광전(大寂光殿) 등 글자가 넉자로 되었다면 그곳의 법당은 세 분의 불상이 모셔져 있다. 세 분 불상 가운데 주불(主佛)은 석가모니불(釋迦牟尼佛)이 아닌 우주의 본체(本體)를 의미하는 청정법신비로자나불(清淨法身毘盧遮那佛)이다. 참된 불교인은 법신, 보신, 화신 삼신사상(三身思想)을 깨달아야 한다. 삼신사상은 까막눈이고, 오직 법신불의 화신인 석가모니불만 보고 신앙한다면, 마치 그것은 달을 가리키는 손가락만 보고 정작 달을 보지 못하는 것과 같은 것이다. 세 분 불상의 명호를 소개하면 다음과 같다.

나무 청정법신비로자나불
南無 清淨法身毘盧遮那佛
나무 원만보신노사나불
南無 圓滿報身盧舍那佛
나무 천백억화신석가모니불
南無 千百億化身釋迦牟尼佛

주불(主佛)인 청정보신비로자나불은 삼라만상 두두물상(森羅萬象 頭頭物物)의 창조주이며, 우주의 본체(本體)이신 법신불이시다. 화신불인 석가모니 부처님은 금강경(金剛經)에서 참된 부처 즉 법신불에 대하여 이렇게 가르치고 있다.

약이색견아(若以色見我)
색상으로써 나를 찾아보려 하거나
이음성구아(以音聲求我)
소리로써 나를 찾으려 한다면
시인행사도(是人行邪道)
이 사람은 사도(邪道)를 행하는 사람이다
불능견여래(不能見如來)
능히 여래(참된 부처)를 볼 수 없도다.

삼신사상을 비유하여 설명한다면, 첫째, 무형무색 무성의 우주의 본체인 '법신불이 대자대비의 인연법에 의해 우주를 존재하게 하면 둘째, 보신불인 대자대비하신 '노사나불'이 지구(地球) 등 삼라만상의 형체를 갖게 하시고 셋째, 화신불인 대자대비한 석가모니불이 중생구원을 위해 부지기수의 인간의 몸 등 천백억화신의 몸을 나투어 중생을 제도 구원하시는 것이다.

불교적인 면에서 본다면 우주의 삼라만상을 존재하게 한 분은 우주의 본체 법신불이기 때문에 법신불 앞에서는 삼라만상 두두물물이 모두 평등한 우주 본체 법신불의 자녀들이라 할 수 있다. 법신불의 독생자 주장은 고해 대중을 현혹시키는 사기술일 뿐이다.

인연법이 천지창조를 하고 만물이 생멸하는 것이다

우주는 본체이신 법신물의 천백억화신 중의 하나인 석가모니불께서는 전지전능한 유일신이 독단으로 천지창조를 한 것이 아닌 인연법에 의해 천지는 창조되었고 생멸이 있을 뿐이라는 가르침을 펴고 있다. 석가모니 부처님은 고해 중생들에게 이렇게 깨우치고 계신다.

제법종연생 제법종연멸(諸法從緣生 諸法從緣滅)

"모든 법은 인연법에 의해 생겨나고 모든 법은 인연법에 의해 멸한다." 불교의 천지창조설은 일체가 인연법에 의해 생멸(生滅)하고 그 인연법은 삼세인과와 직결되는 것이다.

인간의 빈부귀천과 나라의 흥망성쇠는 인간의 인연작복에 의해 정해지는 것이지 유일신이 자기 맘대로 정하는 것이 아니라는 것이다. 삼세(三世)를 통해 인간 스스로 선인(善因)을 심고 쌓아야 선과(善果)를 받는다는 결론이 불교인 것이다.

끝으로, 부처님을 믿고 수행하여 부귀의 소원을 이루고 마침내는 불과(佛果)를 얻는 불교인은 첫째, 부처님의 말씀, "제법종연생, 제법종연멸"의 이치를 믿어 의심치 말아 선연(善緣) 짓기를 좋아하고 노력해야 한다. 둘째, 항상 알게 모르게 짓는 죄업을 먼저 부처님께 참회하라. 셋째, 스스로 짓는 선인(善因)이 선과(善果)를 얻는다는 것을 각골명심하여 스스로의 마음밭(心田)에 선인(善因)을 가꾸어야 한다. 인간의 부귀빈천(富貴貧賤) 요수장단(夭壽長短)의 책임은 고해중생이 자작자수(自作自受)의 인과응보를 맺는 것에 결정된다는 것을 확철대오(擴徹大悟)해야 할 것이다.

2. 기도는 왜 필요한가?

인간은 누구나 일생을 통해서 자기 힘으로 도저히 극복할 수 없는 절체절명의 위기 상태나 환경에 직면하게 되면 기도하지 않을 수 없다. 예컨대 총알과 포탄이 비 오듯 쏟아지는 전쟁터에서 일분 전만 해도 다정한 대화를 나누던 전우가 졸지에 썩은 짚단 쓰러지듯 피를 뿌리며 죽어가는 환경이라면, 또 망망대해에서 배가 암초에 부딪쳐 침몰해 갈 때, 또는 인적 끊긴 도로에서 차가 골짜기에 빠져 차안에서 빠져 나오지 못할 때 등 위급하기 짝이 없는 상황에 놓인 사람이라면 기도하지 않을 사람은 드물 것이다.

누구나 위급하면 기도하게 된다

인간이 위기에 처하면, 기도의 대상이 부처님이나 하나님이나 절대신을 부르거나 아니면 어머니라도 절규하듯 부르며 "살려달라" 구원을 바라는 기도를 하게 되는 것은 인지상정

(人之常情)이다.

필자는 어린 시절 사위가 조용한 밤에 할머니가 단정한 옷차림으로 집 뒤 장독대 쪽에 작은 상을 놓고 상위 양쪽에 촛불을 밝히고 가운데 하얀 사기대접에 정수(淨水)를 가득 담아 놓고 땅바닥에 빈 쌀가마니를 깔고 그 위에 무릎 꿇고 두 손을 마주 싹싹 부비면서 소원을 연속적으로 말하며 천지신명께 기도하는 모습을 본 적이 있다. 기도의 내용은 천지신명께 집안 식구의 건강과 평안과 발전을 비는 내용이었다. 그때 어둠속에 기도하는 할머니의 모습은 지금까지도 신비스럽고 감사하기 짝이 없는 모습으로 뇌리에 각인되고 아름다운 추억이 되어 있다.

그대는 무슨 주제(主題)를 가지고 기도 하는가?

옛말에 지성이면 감천(感天)이라는 말이 있다. 바꾸어 표현하면 지성이면 우주의 본체인 법신불 부처님을 감응(感應)시킨다는 말과 같다.

모든 사람은 100% 행복한 운명을 타고나는 사람은 거의 드물다. 설사 황궁에 황자(皇子) 공주로 태어난다 해도 부귀한 가운데, 인물이 못생겼거나 요수단명(夭壽短命)으로 10세를 넘기지 못하는 사례가 허다하고, 40세를 넘기는 것은 아주 복

받은 수명이다.

주장의 근거로 이조(李朝)의 왕들도 모두 40세를 간신히 넘기거나 그 안에 운명(殞命)하는 사례가 많으니 만복이 구족하기란 전생에 선인선과(善因善果)의 업을 많이 짓지 아니하고서는 대단히 어려운 것이다. 또 부귀하게 잘 살다가 어느 날 복운(福運)이 다하면, 돌연 사망하거나 빈천보(貧賤報)를 받아 고통 속에 빠진다. 자신의 못된 인(因) 탓으로 비참하게 죽으니, 예컨대 연산군, 광해군 등의 인생이 이를 증명한다. 이것을 복진타락(福盡墮落)이라 하는 것이다. 전생에 지어 놓은 복이 끝나면 불행으로 타락한다는 말이다.

인간의 원하는 대로 소원이 이루어진다면 무엇 때문에 인간이 애써 신불(神佛)전에 정성을 다하여 기도를 하겠는가?

모든 인간은 개인적으로 전생에 지은 인과응보로써 금생에 부귀영화, 수명의 요수장단(夭壽長短), 빈부귀천(貧富貴賤)으로 살게 될 뿐, 인간 자신 스스로 악업을 지으면서 행복한 인생을 살 수는 절대 없는 것이다.

인간들은 자신이 어려움에 처했을 때 기도를 하겠다는 생각을 한다. 그러나 기도는 위기에 처할 때만 하는 것은 아니다. 항상 기도하는 마음을 가져야 할 것이다.

중요한 것은 간절히 기도를 드리면서 무슨 기도문(祈禱文), 소원문(所願文), 발원문(發願文), 바꿔 말해 무슨 주제로 기도를 드리느냐가 매우 중요한 것이다. 예컨대 해인사 새벽예불 때면 수많은 승려들이 발원문으로 이산 혜연선사 발원문을 해오고 있다. 그 발원문의 내용은 "세세생생 아이로서 출가하여 승려생활 잘 하겠다"는 소원인데, 속세에서 자신과 가정의 행복과 행운으로 복 받기를 원하는 남녀 신도가 이 같은 기도를 따라 해서야 이치에 맞겠는가?

　바꿔 표현하여 수도승의 화두와 기도주제는 성불(成佛)에 있다. 하지만 고해중생의 화두는 건강 속에 수명장수와 출세와 재복을 구하는 행운의 화두가 기도의 주제로 삼아야 할 것이다.

우리의 마음은 여의주(如意珠)와 같다

　인간의 육신을 자동차로 비유한다면 인간의 마음과 생각은 운전수와 같다. 자동차는 운전수의 생각대로 운행이 되듯 인간을 행, 불행으로 인도하는 것은 "인간이 무슨 생각으로 육신을 인도하느냐"에 달려 있는 것이다.

　일찍이 부처님은 우리 중생의 마음과 생각을 비유하여 모든 소원을 성취하게 해주는 여의주(如意珠)라고도 했다. 중생도 되고 부처도 되게 하는 능력을 가진 것이 마음이요 생각인 여의주(如意珠)라는 것이다. 그대는 무슨 생각의 여의주를 만들고 있는 것인가?

기도 정진하는 고해중생의 기도 대상은 얼마든지 바꿀 수 있는 자유가 있다.

마음에 각인을 하듯 고집된 생각이 원하는 대로 인과응보의 업(業)이 시작된다는 것을 누누이 앞서 강조해온 것을 절대 망각해서는 안 된다.

대개 부자들은 기도의 대상을 향해 돈을 많이 원하고 많이 소유하는 생각, 즉 상상을 많이 한 사람들이다. 또 돈 쓰기를 철저히 자제하고 절약을 해오는 사람들이다.

반대로 돈이 없이 가난하게 사는 사람들은 스스로의 고집된 생각에 돈을 소유하겠다는 생각을 집중하지 않는 사람이다. 주장의 근거로 수년 전 서울의 어떤 60대 초반의 여성이 하룻밤에 도박으로 큰 부자가 되겠다는 환상에 빠져 64억의 돈을 가지고 강원도 정선 카지노를 찾아 도박을 하다가 오히려 하룻밤에 64억을 날려버린 사건이 발생했다. 돈을 잃은 60대 여성은 절망에 빠져 스스로 카지노 근처의 숲속의 나무에 목을 매어 자살했다는 실화의 이야기는 우리에게 무엇을 깨닫게 하는가? 돈을 소중히 대우하지 않은 결과를 깨닫게 해주는 것이 아닌가?

"황금을 돌같이 보라"는 청정한 수도승 같은 생각으로 인생을 산다면, 절대로 돈은 찾아오지 않는다. 돈에는 눈도 코도 귀도 없지만 자신을 아끼고 사랑하는 사람에게 모여 머물고 증식하는 것이다. 그래서 부자는 돈을 아끼지만 가난한 사람은 대부분 돈이 생기면 저축하지 않고 마구 돈을 내다 버리듯 낭비를 잘한다.

그러나 여러 기도의 대상 가운데 "관세음보살전의 기도가 빠른 응답이 온다는 것은 고금 사례에 증명하고 있다"는 것을 확신해야 한다. 석가모니불이 말씀한 팔만대장경 가운데 최고 경전인 화엄경(華嚴經)에 부처님은 이렇게 기도의 방법에 대해 말씀하셨다. "원력이 있는 곳에 불보살의 가피가 있다." 원력은 기도의 주제이다.

주제를 간절히 원하지 않고 입으로만 건성으로 하는 기도는 "헛불공이요, 헛기도가 되고 만다"는 것을 깨달아야 하는 것이다.

주제가 뚜렷한 기도자의 간절함이 관세음보살에 감응되면 돈을 줄 수 있는 인연 있는 사람을 만나게 해주는 인연법을 보여주는 것이다.

소원문(所願文)을 작성하여 관음보살님께 고해야

일부 사찰의 수도승들은 남녀 신도들에게 경전의 사경공덕(寫經功德)을 말하면서 사경(寫經)을 많이 시키고 있다. 그것은 사경기도(寫經祈禱)이다. 사경기도는 마음의 평안을 얻는 공덕은 있다. 그러나 부처님의 모든 경전은 부처님처럼 "부귀영화에 대한 욕심을 버리고 출가하여 성불하기를 바라는 내용"이 경전의 주 내용이다. 그 내용을 닮겠다는 사경을 하면 어떤 결과로써 소원성취가 될까? 속세의 행복보다는 수행자로서의 길만 나타날 뿐이다. 청빈한 수도승같이 변할 뿐인 것이다.

거듭 강조하거니와 속인은 성불도 좋지만, 우선적으로 자신과 가정, 자녀들의 행복을 기원하고 내세를 위한 기도를 해야 옳은 것이다. 불경을 사경하듯 정성스럽게 소원의 기도문을 써 마치 관세음보살님전에 고하듯 세 번 정성을 다하여 소리 내어 읽는 기도를 해야 빠른 기도응답을 받을 수 있다는 것을 거듭거듭 강조하는 바이다.

우리 고해 대중은 전생에 알게 모르게 지은 업장이 두터워 업장이 숙명이 되어 고통 받는 인생을 살고 있다. 우리는 성불은 언제인가는 실현할 이상으로 하고 우주의 본체 법신불을 대신하는 석가모니불과 관세음보살님전에 기도하며 소원을 이루면서 고해를 사는 것이 상책이라는 것을 강조한다.

위와 같이 기도를 한다면, 대부분 기도의 응답을 받는다. 그러나 기도응답이 빨리 오지 않는 것은 전생에 지은 악업의 업장(業障)이 두터운 탓이다. 그럴수록 좌절하지 말고 지성감

천으로 기도하면 응답은 반드시 온다는 것을 의심치 말아야 할 것이다.

기도의 상책은 사찰에서 불상을 우러르며 하는 것이 제일 좋다. 그러나 자신의 집안에서 기도를 해도 무방하다. 하루를 시작하기 전 이른 아침에 불상이 없다면, 작은 상 양쪽에 촛불을 밝히고, 향로에 향을 피우며, 먼저 참회기도를 한 후 관세음보살 명호를 부르는 정근(精勤)을 하고, 주제 있는 기도를 하는 것도 기도방법이다. 또 하루 일과가 끝나 잠들기 전에 주제 있는 기도와 감사기도를 드리는 것이 좋다.

당신의 주제 있는 기도문, 강력한 소원을 담은 기도문은 당신의 육신을 소원성취로 인도한다는 것을 앞서 설명한 바 있다. 부모는 자녀의 소년소녀시절부터 장래 희망찬 기도문을 작성하여 외우게 한다. 그리고 혼자 있을 때 관음보살님전에 간절히 기도하는 습관을 갖게 하면 자녀는 희망대로 성공하는 인생이 될 수 있을 것이다. 사찰에는 매월 초하루와 보름날에 기도를 드리는 것이 좋고, 시간 나는 대로 사찰에 가서 기도하는 횟수가 많을수록 다다익선(多多益善)으로 선인선과(善因善果)의 복을 받게 된다는 것을 믿어 의심치 말아야 할 것이다.

3. 불교의 업사상(業思想)

불교의 핵심 사상은 자업자득(自業自得)의 업사상(業思想))이다. 부처님은 삼세인과(三世因果)로서 업사상을 가르치고 있다. 즉 전생에 스스로 지은 업은 금생에 받고 금생에 지은 업은 내생에 받는다고 가르친다. 전생이라는 것은 아득한 세월만은 아니다. 일초 전(一秒 前)도 전생이다. 일초 전에 인연작복의 기초가 되는 생각도 인과를 받는다. 부처님은 법구경(法句經)에서 다음과 같이 인과에 대해 설법하신다.

假使百千劫 所作業不亡(가사백천겁 소작업불망)
설사 백천겁을 지나갈지라도 지은 업은 없어지지 아니하며
因緣會遇時 果報還自受(인연회우시 과보환자수)
인연이 모여 만날 때에는 과보를 돌려받느니라.

그대는 관음기도를 하기 전에 먼저 일초 전(一秒 前)도 전생이니 스스로 알게 모르게 지은 악업에 대해 진심으로 참회기

도를 하고, 그 후 관음기도로써 소원성취를 원하는 기도를 드려야 옳은 기도법인 것이다.

스스로 선업(善業)은 짓지 아니하고 오직 탐욕으로 악업(惡業)만 지으면서 기도를 한다면 전지전능한 법신불(法身佛)의 화신인 석가모니불과 관세음보살에게 기도를 간절히 해도 구원받을 수가 없다. 지행합일(知行合一)이 되는 차원에서 기도를 해야 구원을 받을 수 있는 것이다.

지옥의 문전에는 지장보살이 서서 마지막 교화를 한다고 한다. 지옥문에 다가오는 중생에게 "지금이라도 회심하고 참회하라!"고 외쳐 깨닫게 해도 죄업의 중생은 코웃음을 치며 탐욕을 부리면서 지옥 속으로 직행(直行)한다는 것이다. 따라서 지장보살의 눈에는 중생을 불쌍하게 생각하여 눈물이 마를 날이 없다는 불경이 전하는 깊은 뜻에 이 글을 읽는 고해대중은 대오각성 해야 할 것이다.

도를 깨닫고 보면, 인간사 온갖 원치 않는 고통과 재액(災厄)은 대부분 전지전능한 신(神)이 고의적으로 선별하여 고통을 징벌하는 것이 아닌 대부분 "내 탓"인 인간 스스로가 악업을 지어서 받을 뿐이다. 악업을 짓게 되는 것은 탐(貪)·진(瞋)·치(痴)의 삼독심(三毒心)이 인간들의 참마음을 가려 버리는 탓이다. 이 삼독심이 악업의 시작으로 결국에는 악보(惡報)를 받게 하는 것이다. 아래에 예화(例話)로 3인의 상인이 참혹히 죽은 사건에 대한 인과를 적어 이 글을 읽는 사람을 깨우치고자 한다.

노파의 원심(怨心)

부처님께서 어느 날 죽림정사(竹林精舍)에서 머물면서 중생을 위해 설법하려고 준비하는 때이다. 돌연 어떤 사내가 헐레벌떡 달려와서 황급히 부처님께 보고 말씀을 올렸다.

"부처님이시여, 지금 왕사성 내에 괴사(怪事)가 벌어졌습니다."

부처님은 침착하게 사내에게 하문했다.

"너무 흥분하지 말고 차근차근하게 말을 하여 보거라."

달려온 사내가 숨을 몰아쉬며 말을 했다.

"부처님이시여, 어떤 상인(商人) 하나가 성(城)으로 들어가는 성문 앞길에서 출생한지 일 년도 못되는 암송아지가 상인을 보더니 갑자기 미친 듯이 상인에게 달려들어 뿔로 떠받아 상인을 죽였습니다. 그래서 유혈이 낭자하여 보기에도 참혹했습니다."

이 암소의 주인은 소를 자유스럽게 풀 뜯게 하고 자신은 나무 그늘 밑에서 낮잠을 잠시 자는데, 꿈속에서 자신의 암소가 타인을 뿔로 받아 죽이는 끔찍한 꿈을 꾸다가 놀래 잠에서 깨어났다. 그런데 과연 꿈속처럼 현실에서 자신의 암소가 어떤 상인에게 미친 듯이 달려들어 뿔로 받아 죽인 것이다. 암소 주인은 경악하여 무고한 상인을 죽인 소를 팔기 위해 우시장 (牛市場)으로 소를 끌고 갔다.

그런데 또 다른 한 상인이 와서 싼값으로 소를 팔면 소를 사겠다고 흥정해 왔다. 소 주인은 자신의 암소가 사람을 죽였기에 싼값으로 암소를 팔아버렸다. 암소를 싸게 산 상인은 기분이 좋아 흥얼거리며 길을 걷다가 마침 갈증이 나서 소를 길가에 세워두고 강가에서 강물을 마시려고 했다. 이때 암소는 갑자기 미친 듯이 상인에게 달려들어 있는 힘을 다해 뿔로 받았고 두 번째의 상인은 강물을 벌겋게 피로 물들이며 즉사하고 말았다.

소를 싼값으로 사고 난 뒤 소에게 죽임을 당한 상인의 가족들은 소에게 죽임을 당한 시체를 부여안고 대성통곡하다가 분노하여 암소를 죽여 가죽을 벗기고 사지를 잘라서 고기를 싸게 팔았다. 그런데 소머리를 사겠다는 사람이 없어 구매자를 기다리던 중 때마침 또 어떤 상인이 나타나 싼값에 주면 자신이 사겠다고 흥정해 와서 아주 헐값에 소머리를 팔아 버렸다.

소머리를 싸게 산 상인은 기분이 좋아 흥얼거리며 새끼줄로 소머리를 운반하기 좋게 묶어서 등에 지고 가다가 피곤하여 소머리를 나뭇가지에 걸어놓고 그 밑에 앉아 잠시 쉬고 있었다.

이러한 때에 새끼줄이 풀리면서 소머리가 상인의 머리 위로 떨어지면서 상인은 죽은 암소의 소뿔이 머리에 박히면서 뇌진탕을 일으켜 유혈이 낭자한 가운데 즉사하고 말았다.

결국 암소 한 마리가 상인 셋을 죽인 셈이다. 일대 괴사가 아닐 수 없었다. 성 안에는 대 화제였다. 따라서 어떤 사내는 소에 죽은 3인의 이야기를 듣고 부처님께 달려와 괴사를 보고하고 이유를 듣고자 허겁지겁 달려온 것이다.

부처님은 선정에 들어 암소와 상인의 전생을 살피고 난 후 그 인과에 대해 설법을 하려 하였다. 때마침 왕과 신하들, 일반 국민들도 부처님을 찾아와 괴사에 대한 인과를 알고자 찾아와 자리에 앉았다. 부처님은 대중을 향해 자비롭게 미소하시고는 다음과 같은 인과법문을 해주시었다.

암소의 뿔에 받혀 죽은 세 사람의 상인은 전생에 3인이 한 패가 되어 시골로 돌아다니면서 장사를 하던 장돌뱅이로 이들 3인은 심보가 매우 안 좋은 불한당들이었다.

어느 날 3인의 상인은 장사를 하다가 날이 저물어 여관을 찾아도 없고 주막도 찾을 수 없기에 길가의 한 노파의 집을 찾아 딱한 사정 이야기를 하면서, "하룻밤만 재워주면 후한 사례를 할 터이니 허락해 달라"고 애걸하듯 하였다.

노파는 집도 좁고 누추함을 말하며 거절하였지만 사정도 딱하고 또 후하게 돈을 주겠다는 말에 "오랜만에 돈을 벌어 보겠다"는 욕심으로 마침내 승낙했다. 노파는 동네의 이집 저집을 다니면서 침구를 마련하고 3인의 상인이 대가를 반드시 지불한다는 말을 철석같이 믿고 요구하는 대로 식사와 함께 닭을 두 마리나 잡아 요리와 술을 마련하여 정성껏 대접하였다.

3인의 상인은 노파의 대접으로 맛있는 식사와 술을 마시고 노파가 내주는 편한 방에서 잠을 잘 자게 되었다. 그런데 다음날 아침 노파가 잠시 자리를 비운 사이의 틈을 타서 3인의 상인은 숙박비와 식대를 내지 않았을 뿐만 아니라 이렇다 할 인사말 한마디 없이 달아나 버렸다. 노파는 속았다는 것을 깨닫고 분함을 참지 못하여 기를 쓰고 3인의 상인 행방을 찾아내 따졌다.

"여보시오, 약속한 숙식비와 술과 요리 값을 내고 가시오. 인사말 한마디도 없이 그냥 도망가는 법이 어디 있소?"

사람들이 몰려들었다. 3인의 상인은 오히려 거짓된 흉계를 꾸미며 이렇게 사납게 외쳤다.

"이 노파가 망령이 들었나? 우리가 떠나올 때에 노파가 하도 불쌍하게 보여 한 사람이 열 냥씩 삼십 냥을 내고 깎듯이 인사말을 하고 왔는데 무슨 억지소리를 하는 거요? 미친 것 아니요?"

노파는 기가 막혀 땅에 쓰러져 주먹으로 땅을 치면서 대성통곡하며 울부짖으며 이렇게 말했다.

"이 날도적들아, 너희들이 삼십 냥은커녕 단돈 서푼이나 주었더냐? 에이 도적놈들아, 하늘이 무섭지 않느냐!"

3인의 상인은 모두 눈을 무섭게 노려보며, "노파가 우리의 돈을 받고 헛소리를 자꾸 하는데 우리가 할멈을 죽여 버리겠다!"고 무섭게 협박했다. 그때 힘없는 노파는 슬피 울면서 저주의 말을 퍼부었다.

"도적놈들아, 잘 먹고 잘 살아라. 그러나 나는 너희들을 절대 용서치 않을 것이다. 금생이 아니면 내생, 내후생이라도 사람의 몸을 받으면 복수를 반드시 하고, 또 짐승의 몸을 빌려서라도 네놈들의 원수를 반드시 갚고야 말 것이다."

그 후 노파는 3인의 상인에 대한 원심(怨心)을 품고 죽어버렸다. 그러나 노파는 원심을 품고 죽었으므로 뒷날 암소로 태어나서 마침내 3인의 상인을 차례로 뿔로 받아 죽여 그 원한을 풀었던 것이다.

부처님의 인과법문을 들은 왕과 사부대중(四部大衆)은 악인악과(惡因惡果) 선인선과(善因善果)의 인과법칙이 우주의 만고불변의 법칙인 것을 깨달았다. 부처님은 자비로 다시 인과를 강조하는 법문을 해주시었으니 다음과 같다.

身語意業不造惡 不腦世間諸有情(신어의업불조악 불뇌세간제유정)
몸과 마음으로 악을 짓지 말며
세간의 모든 중생 괴롭히지 말라.

正念現前欲色空 無益之苦常遠離(정념현전욕색공 무익지고상원리)
바로 현전에 욕심과 색이 공한줄
생각하면 마땅히 고통을 멀리 여의케 되리라.

제3장

마음공부와 기도 2

1. 천도제(遷度祭)는 왜 해야 하는가

영혼 천도제(遷度祭)는 불교 고유의 불보살(佛菩薩)의 원력을 빌어 고통 받는 영혼을 고통에서 벗어나게 하여 왕생극락을 기원하는 제사의식이요 기도이다.

영혼 천도제에 대해 부처님께 최초 질문자는 목련존자

영혼 천도제(遷度祭)에 관해 석가모니불께 최초 질문을 한 제자는 부처님의 16제자 가운데 신통제일(神通第一)이라는 별호가 있는 목련존자(木蓮尊者)이다. 목련존자는 수행정진을 열심히 하여 신통제일이라는 별호를 얻었다.

목련존자는 신통력을 얻은 후 죽은 어머니의 영혼을 선정(禪定)속에 찾아보았다. 어머니는 경악스럽게도 지옥에서 고통에 빠져 울부짖고 있었다. 목련존자의 어머니는 아들이 출가위승(出家爲僧)하고, 남편이 죽고 난 뒤에는 타락하듯이 남녀들을 집안에 불러 연회를 즐기면서 술에 취하는 것이 다반사

(茶飯事)였다. 연회 때면 축생을 도살(屠殺)해서 요리하여 연회상에 올려 초청인들과 즐겨 먹었고 술에 대취하여 춤추고 노래하기를 즐겼다. 목련존자 어머니의 지시로 집안은 도살당하는 축생의 비명소리와 도살을 기다리는 축생들의 비명소리가 충천하듯 했다. 그런 연회를 즐기던 목련존자의 어머니는 수명이 다하자, 어느 날 유언 한마디 못하고 저승사자에 끌려갔다.

목련존자의 어머니는 생전의 살생 등 악업의 인과응보로 지옥에서 고통을 받으며 울부짖고 있었다. 목련존자는 깜짝 놀라 애통하게 생각하여 지옥고를 받는 어머니를 구원하고자 했으나 자신의 신통력으로는 도저히 어머니가 스스로 지은 악인악과(惡因惡果)의 업보를 소멸시켜 드릴 수가 없었다.

목련존자는 애통한 마음으로 부처님께 찾아가 어머니를 구할 방도를 여쭈었다. 부처님은 때마침 대중에게 법을 설해주기 위해 공양을 마치고, 발을 씻고 단정히 정좌한 때였다. 그때 목련존자는 부처님께 여쭈었다.

"지옥 속에 고통 받는 어머니를 구할 수 있는 방법을 알려주시면⋯."

목련존자는 슬퍼하며 간절한 마음으로 부처님께 여쭈었다.

영혼 천도제는 과거 칠불(七佛) 때 모두 행했었다

그러나 영혼 천도제는 석가모니불 때부터 시작된 것이 아니다. 과거 칠불(七佛)부터 기원된 불교의 핵심 의식 가운데 하나이다. 영혼 천도제는 친족이거나 인연이 깊은 사람이 천수를 다했거나 또는 억울하게 비명횡사를 했거나 단명으로 요절(夭折)하여 영혼이 되었을 때 살아있는 사람들이 정성을 다하여 죽은 이를 추모하며 부처님 전에 재물을 올리고 기도하는 것이다.

부처님은 목련존자의 질문에 다음과 같은 해답을 주었다.

첫째, "인과응보로 지옥에서 고통 받는 어머니의 영혼을 구원할 수 있는 유일한 방법은 수행력이 있는 스님이 부처님과 관음보살, 지장보살님께 지극지성으로 불경을 낭송하며 기도해서 불보살의 위신력으로 지옥고에서 구원하여 극락세계로 인도할 수 있는 천도제를 지성껏 드려야 하는 것"이다.

둘째, 불보살(佛菩薩)의 신통력으로 영혼을 사람으로 다시 태어나게 인도환생(人道還生)하게 하고 부귀한 집안에 태어나게 해주는 불교 고유의 의식인 천도제를 해야 하는 것이다.

목련존자는 천도제를 통하여 "지옥고를 받는 어머니를 구원하여 그 영혼을 극락세계로 인도하였다"고 전한다.

천도제는 친족(親族)만이 하는 것은 아니다. 나라와 민족을 위해서 장렬하게 순사한 애국 충의장병들의 영혼 천도제를 할 수도 있는 것이고, 일면식은 없지만 충의로운 남녀, 훌륭한 영혼들을 추모하며 그 사상과 정신을 기리어 천도제를 할 수 있다. 너무 일찍이 한 많은 죽음을 당한 지인들, 그리고 또 주인 없는 불쌍한 고혼들을 위해서 그들의 왕생극락을 기원하는 천도제를 할 수 있는 것이다.

영혼 천도제는 한 번으로 끝나는 것인가? 아니다. 부처님께 천도제를 올릴 수 있는 개인의 재정능력에 따라 몇 번이고 할 수 있다. 많이 하면 그것이 우주를 감응케 하는 선인(善因)이니 반드시 선과(善果)를 받게 된다. 불교인은 영혼 천도제를 지성으로 지내주면 고통 받는 영혼을 "제불보살(諸佛菩薩)이 전지전능한 신통력으로 악업을 소멸해주고 다시 사람으로 태어나게 하거나 극락세계에 인도해준다"는 것을 믿어야 할 것이다. 천도제는 살아있는 사람이 죽은 이의 영혼을 위해 기도해 주는 세상에 가장 아름다운 풍습이다.

석가모니불의 천도제

불교는 효사상(孝思想)과 실천을 불교의 핵심사상으로 중생에게 가르쳐 오고 있다. 부처님께서는 부모님의 은혜가 얼마나 큰가를 말씀하시고 부모의 은혜에 보답하는 길과 한편 불효하는 죄과가 얼마나 무거운 것인가를 가르침을 수다히 주셨다. 부처님이 가르친 효사상의 경전이 『불설대보부모은중경(佛說大報父母恩重經)』이다.

부처님은 6년 고행 끝에 우주의 진리를 깨달은 후 부처님이 맨 처음 실행한 것은 죽은 어머니에 대한 효도요, 천도제이다. 부처님의 어머니 마야부인은 아이를 낳기 위해 친정으로 가다가 녹야원에서 산기(産氣)를 느끼고 아이를 낳은지 일주일 만에 세상을 떠났다. 훗날 왕자가 장성해서 어머니 마야부인의 죽음을 알았다. 부처님은 "어머니는 어디로 가셨을까?" 이 화두로 마침내 왕궁을 버리고 출가 수행자가 되었다.

부처님이 된 후 부처님은 맨 처음 선정에 들어 모후(母后)인 마야부인의 영혼을 선정에서 찾았다. 마야부인은 도솔천에서 복락을 누리고 있었다. 부처님은 어머니를 만났고 어머니를 위해 더한층 기도했다. 이것이 부처님이 실천한 천도제의 시작인 것이다.

또 석가모니불께서 대중을 거느리고 남방으로 걸으시다가 한 무더기의 마른 뼈를 발견하였다. 부처님께서는 무더기 뼈를 향해 정중히 절을 하고 난 뒤 영혼천도를 위해 기도하셨다.

다문제일(多聞第一) 아난존자와 대중은 깜짝 놀라 그 뜻을 부처님께 여쭈었다. 부처님은 이렇게 답하셨다. "이 한 무더기 마른 뼈는 나의 여러 전 세상의 조상이나 부모님의 뼈일 수도 있다. 그래서 내가 예를 갖추어 절을 올리는 것이다."

부처님은 처음 보는 마른 뼈 무더기 앞에 절을 올리는 효사상과 실천의 법문을 시작하셨으니 이것이 부모은중경(父母恩重經)의 서두(序頭)요 도입부(導入部)이다. 이 글을 읽는 인연 있는 독자들은 가까운 날에 부모은중경을 꼭 읽어 부처님이 강조하시는 효사상을 실천하기 바란다. 불교를 신앙하는 남녀들은 부처님의 효사상을 깨닫고 실천해야 할 것이다. 지구상에 존재하는 모든 종교 가운데 불교의 효사상은 유일무이(唯一無二)한 최상이다.

천도제는 관음상과 지장상 앞에 해야

기독교 등의 종교에서는 자신을 낳아주고 길러준 부모님을 향해 감사하고 추모하며 공덕을 기리는 제사를 드리지 못하게 한다. 왜냐하면 "제사상을 차리면 잡신이 와서 제사 음식을 먹기 때문에 제사를 못 지내게 한다"는 주장을 한다. 자신을 낳아주고 길러준 부모에 대한 제사를 "잡신에게 제사를 지내는 것이다"고 주장하는 기독교인은 예수의 조상들은 하늘같이 섬기는 작태를 보인다. 그것은 틀린 신앙이다.

조상숭배(祖上崇拜) 정신을 신앙처럼 여기는 한국인의 조상신을 잡신으로 매도, 천시하는 것은 도저히 용납할 수 없는 사설(邪說)이 아닐 수 없다. 특히 기독교는 예수님의 선조의 이름은 달달달 외우고 숭배하면서, 정작 자신을 낳아주고 길러준 부모의 제사와 조상의 제사는 "잡신의 먹자판으로 매도한다." 이는 대단히 잘못된 사설이다.

조상과 부모가 아니고서 어떻게 인간이 태어날 수 있을까? 자신의 부모와 조상을 잡신으로 취급하여 봉제사(奉祭祀)를 기피하는 자는 가장 무서운 악인(惡因)을 지어 지옥행(地獄行)을 하게 되고 윤회전생 할 때는 인간으로 태어나지 못하고 축생으로 태어나 고통을 받게 될 것이다.

비유컨대 자신을 낳아준 부모가 살아서나 영혼이 되어서나 도와주는 것이지, 일면식과 인연이 전무한 이스라엘의 신에게 제사를 받들고 기도하여 영혼의 도움을 받는다는 것은 천하의 둘도 없는 우치한 일이다. 부모님은 살아서나 죽어 영혼이 되어서나 자식을 돕는다는 것을 믿어 의심치 말아야 한다.

천도제는 어떻게 올려야 올바른가? 천도제는 반드시 관세음보살상과 지장보살상 앞에 올려야 바른 예법이 된다. 인간세상에도 법원에는 판사가, 검찰에는 검사 등 담당이 있는 것이니 관세음보살은 고해인 지구촌에 태어난 생명이 죽을 때까지 가호하고, 생명이 죽으면 선인선과(善因善果)를 지은 영혼을 반야용선(般若龍船)에 태워 극락세계로 인도하는 담당의 원력을 세우고 행하는 법신불의 화신이다. 천도제는 수행력이 있는 스님이 해야 옳은 것이나, 수행력이 있고 천도제의 의식을 할 수 있는 재가자도 천도제를 지성껏 올리면 불보살의 감응과 영혼을 구원하여 극락왕생하게 할 수 있다.

영혼 천도제는 언제 올려야 하나?

올바른 영혼 천도제는 밤에 해야 한다. 왜냐하면 영혼은 태양이 빛나는 백주(白晝)에는 자신의 천도를 하는 제사 장소를 자유롭게 왕래할 수가 없기 때문이다. 다시 말해 백주 대낮의 천도제는 영혼이 올 수 없는 환경에서 제를 지내는 것과 같다.

영혼을 위해 맛있는 음식상을 차렸지만, 정작 영혼은 오지 못한 환경에 부처님 관음보살, 지장보살 등 신통묘용으로 왕래 자재한 성인들만 초청하여 천도제를 지내는 것이다. 유교(儒敎)에서도 제사를 밤에 지내게 하는 이유가 있으니 영혼이 왕래할 수 있는 세계는 밤, 즉 음(陰)의 세계이기 때문이다.

왜, 천도제를 꼭 지내야 하는가? 대부분 갑자기 죽음을 맞은 인간들은 가슴에 한(恨)을 품고 죽기 때문이다. 살아생전 자신의 뜻을 이루고 자신의 죽음을 마치 고향에 돌아가듯(視死如歸) 초연하여 하고픈 유언의 말을 가족에게 남기고 죽는 사람은 과연 몇이나 될까?

교통사고, 심장마비 등 급살(急煞)로, 병으로 아니면 타인에게 억울하게 죽임을 당하거나 자살하는 등 천차만별한 죽음을 당한 영혼들은 원한이 충전해 있고 비통의 눈물은 강하(江河)를 이룰 지경이다. 원통하고 한 많은 영혼을 불보살의 신통력으로 위령(慰靈)하고 해원(解寃)하여 극락세계로 인도해주는 불교 고유의 의식이 천도제인 것이다.

부모와 조상 등의 영혼은 천도제를 간절히 원한다

거목(巨木)은 뿌리가 병들어 고통스럽지 않고 튼튼해야 왕성(旺盛)할 수 있다. 거목의 뿌리를 사람으로 비유하면 부모조상(父母祖上)이다. 부모조상의 영혼이 지옥고를 받거나 원한에 사무쳐서 통곡하며 고통 속에 있다면 자손이 발복할 수가 없다. 뿌리 상한 나무가 결국 일찍 죽듯이 자손도 뜻을 이룰 수가 없다. 따라서 돌아가신 부모와 조상 등 영혼들은 복 받는 내생을 위한 천도제를 원한다.

영혼 천도제는 망자(亡者)를 위한 살아있는 사람이 베푸는 최선 인간의 도리이다. 불교에서 매년 7월 백중날은 영혼 천도를 위해 절에 가서 불보살께 기도하는 날이다. 그러나 천도제는 어느 때고, 몇 번이고 경제형편이 되면 영혼을 위해 정성껏 드려주면 좋다. 천도제를 지내면 반드시 영혼은 감사와 보은은 물론 우주의 제불보살과 특히 대성 관세음보살(大聖 觀世音菩薩)이 가장 기뻐하고 행운의 축복을 주신다는 것을 명심하기 바란다.

2. 그대에게도 저승사자는 찾아온다

이 세상 지구에서 인연에 의해 탄생된 육신의 생명체, 그리고 유정무정(有情無情)의 물질 등은 생로병사(生老病死)의 과정을 거쳐 소멸된다. 생로병사를 바꿔 표현하면 성주괴공(成住壞空)이라고도 한다. 지구의 모든 육신의 생명과 유정무정(有情無情)의 물질은 인연으로 태어나(成), 일정기간 머물고(住), 인연이 다하여 무너지고(壞) 그 다음은 형체가 사라져 공(空)이 되고 마는 것이니 그 무엇도 피할 수 없다. 육신을 가진 성인도 죽음을 피할 수 없다.

모든 인간은 피할 수 없는 숙명의 죽음

불교에서는 앞서의 언급처럼 인연이 다하면 개인의 육신은 죽어 소멸되지만 육신의 주인공인 영혼은 영생불멸하여 생전에 자신 스스로 지은 선악(善惡)의 정업(定業)에 따라 생사 윤회의 먼 길을 혼자 떠나는 것이다.

그러나 임종이 다가오면 인간에게는 모두 저승사자가 반드시 찾아온다. 저승사자를 다르게 표현하면 영혼을 생사윤회의 길을 떠나기 앞서 영혼이 선악의 심판을 받는 법원 같은 소위 염라국이 있는 저승으로 인도해 가는 '인도령(引導靈)'이다.

필자는 오래 전에 노스승으로부터 죽음을 앞둔 인간에게 반드시 저승사자가 찾아온다는 이야기를 부지기수(不知其數)로 들었다. 또 필자는 한국불교의 본산인 조계종 승려의 종사(宗師)급의 승려이다. 필자는 그동안 50년이 넘은 세월을 살아오면서 직접 경험한 저승사자에 대한 이야기를 하고자 한다.

필자는 승려로서 그동안 수많은 승속(僧俗)의 임종을 지켜보면서 염불독경을 해왔다. 장수한 사람이지만 결국 노환으로 죽어가는 사람, 교통사고 등 사고로 죽은 사람, 암 등의 불치병으로 죽어가는 사람 등 마지막 임종 시에 염불을 하면서 지켜보아 왔다. 죽어가는 사람들은 승속을 막론하고 거의 임종 시가 다가오면 가래가 기도를 막아 호흡하기 어려운 고통 속에 피할 수 없는 죽음의 공포가 찾아왔다.

죽어가는 사람들은 죽음의 공포에 어린애처럼 애처롭게 울었다. 필자는 죽어가는 사람을 위해 주로 관음기도를 해주었다. 사람들은 죽기 직전에는 주위가 온통 빙글빙글 돌고,

방바닥이 꺼져 보이는 대혼돈(大混沌)에 빠진다. 정신이 나가는 것이다. 혼돈에 빠진 죽어가는 사람은 공포에 빠져 뜨거운 눈물을 흘린다. 죽음은 사람의 귀천(貴賤)을 떠나 평등하게 고통스러운 것이다.

그런데 죽어가는 사람들이 한결같이 필자에게 호소하듯 말하는 것은, 영혼을 인도하는 인도령(引導靈), 즉 저승사자가 왔다는 것이었다. 그런데 그 저승사자는 사람이 죽기 전 반드시 꿈속에 나타나 죽음의 예고인 전조(前兆)를 알려준다고 한다. 지혜 있는 사람은 전조를 깨닫고 준비하지만 깨닫지 못한 사람은 때가 되면 유언 한 마디 할 겨를이 없이 순식간에 영혼을 붙잡아 가버린다는 것이다.

죽어가는 사람들 중에는 필자의 눈에는 아무 것도 보이지 않는데 방구석을 가리키면서 공포 속에 이렇게 애원하기도 했다.

"스님, 나를 데려가려는 두 사람이 저 방구석에 서 있네요. 무서워요. 제발, 저 사람들 좀 내쫓아 주세요."

그대와 친화력이 강한 사람의 모습으로 저승자사는 온다. 죽어가는 대다수의 사람들은 죽어가는 고통 속에서 자신과 친화력이 강한 앞서 죽은 사람들을 이야기했다.

"어머니가 오셨어요. 꽃피는 봄 동산에 놀러가자고 하시네요."

"아버지가 하얀 백마를 끌고 오셨어요. 백마를 타라고 하시네요."

"형님이 오셨어요. 여행을 떠나자고 하시네요."

"할머니가 오셨어요. 어디를 가자고 하시네요."

"죽은 사랑하는 여자가 왔어요. 이제 자기와 함께 떠나자는 거예요."

"죽은 남편이 찾아왔어요. 고급 승용차를 가져와서 저 보고 여행을 가자고 합니다."

죽어가는 사람의 대부분은 그리운 어머니의 모습으로 저승사자가 찾아왔다는 증언이다.

진짜 먼저 이 세상을 떠난 어머니가 사랑하는 자녀의 영혼을 데리러 왔을까? 아니다. 저승사자가 죽은 그리운 어머니의 모습으로 등장한 것일 뿐이다. 저승사자가 죽어가는 사람의 공포심을 주지 않기 위해서 부모형제 등 친화력이 강한 사람으로 변화하여 데리러 온 것뿐이다.

죽어가는 사람은 자신과 친화력이 강한 사람이 찾아와 슬퍼하며 위로하고 손을 잡아 떠나자고 하기 때문에 따라가지 않으려고 공포심에 저항하지 않고 공포심 없이 이승에서 저승으로 따라 나서는 것이다. 한번 따라가면 다시 돌아올 수 없는 저승으로 떠나가는 것이다.

육신은 죽어 재와 진토(塵土)로 변화하게 되는데 영혼만은 생전에 자신이 스스로 지은 업(業)만 가지고 윤회전생의 저승길을 혼자 울면서 떠나가는 것이다.

그러나 또 다른 임종자의 마지막 증언에 의하면, 악업을 많이 지은 사람은 거의 무시무시한 저승사자의 모습으로 나타나 인정사정없이 채찍으로 때리면서 끌고 간다고 했다.

오직 관세음보살님전에 기도하시라

이 글을 읽는 그대에게도 저승사자는 때가 되면 어김없이 꿈속에 예고하는 전조를 보이며 찾아올 것이다. 그대의 눈에 저승사자는 어떠한 모습으로 나타날 것인가?

인정사정없이 채찍으로 매를 치고 개 끌듯 끌어가는 무서운 저승사자일까? 아니면, 친화력이 강한 먼저 저승으로 떠난 어머니의 모습일까? 할아버지일까? 할머니일까? 아버지일까? 형님일까? 동생일까? 누이일까? 사랑하는 여자일까?

그대여, 불가에서 전해오는 말 가운데, "사람 몸 받기 힘들고(人身難得), 부처님 법 만나기 힘들고(佛法難逢), 불교를 정도로 가르치는 스승 만나기 힘드니라(正師難逢)" 한다.

그대에게 진실로 권장하노니 그대에게 저승사자가 그대를 찾아와 저승세계로 인도해 가는 그 무섭고 두려운 그때가 되기 전에 촌음을 아끼어 공부하고 수행하고, 기도의 힘을 얻어야 한다.

촌음을 아껴 시간만 나면 첫째, 중생을 대자대비로 구고구난(救苦救難)하는 관세음보살님께 일심정성으로 기도하여 관음보살로부터 가호를 받는 인연을 지으시라. 둘째, 인생을 살면서 "먹고 살기 위해서" 악인(惡因)을 짓지 마시라. 오직 관세음보살님을 의지하는 기도 속에 선인(善因)의 공덕을 부지런히 쌓아야 할 것이다. 모든 생명을 외경하며 특히 인간을 진심으로 사랑하고 구원하는 공덕을 쌓는데 주저하지 마시라.

남녀노유(男女老幼)를 막론하고 건강한 그대에게도 세상에 사는 숙명의 인연이 다하면, "그대에게도 반드시 저승사자는 찾아온다."

3. 신통력을 얻는 기도

　이 세상 남녀는 누구든지 마음공부, 즉 간절한 기도를 하면 신통력을 얻을 수 있다. 신통력을 얻으려면 역사적으로 가장 많이 쓰이는 방법은 주력(呪力)이다. 첫째, 부처님이 설하신 다라니(多羅尼)를 반복해서 외우면서 마음속에 소원을 강조하는 것이다. 둘째, 나무관세음보살(南無觀世音菩薩)을 반복해서 소리 내어 부르는 명호정근(名號精勤)이 있다. 또 산기도(山祈禱)는 명산이나 산에서 "산왕대신(山王大神)"을 반복해서 부르기도 한다. 반복해서 신불(神佛)의 명호를 부르는 기도법이 통칭 주력(呪力)의 마음공부라 한다. 산기도의 힘을 얻어야 위대한 종교인도 되고, 과거 현재 미래를 통투하고 예언하는 명무(名巫)의 무속인도 될 수 있다.

신통력을 얻는 기도는 적멸의 산에서 해야

　신통력을 얻는 기도의 최적지는 개소리 닭소리가 전혀 들리지 않는 인적이 끊긴 적멸이 가득한 산사(山寺)의 법당이 최적이다. 그러나 요즘에는 산행객과 관광객들이 찾아와 시끄럽게 하는 탓에 정신통일을 요하는 지극지성의 기도를 산사의 법당에서 하기란 매우 지난한 일이다. 때문에 인적이 끊긴 산속으로 들어가야 한다. 산속에 기암괴석이 있고 마실 수 있는 맑은 샘물이 있다면 최상이다.

큰 바위 밑에 기도대상의 강림을 바라는 단(壇)을 약식으로 만들어 단 위에 양쪽 촛대에 촛불을 밝히고 향로에 향을 피운다. 그 옆에 청수그릇—일명 다기(茶器)—에 청수를 담아 놓고 사과 등 공양물을 올리고 산기도를 하는 것이다. 산기도의 명호정근(名號精勤)은 산왕대신(山王大神)이다. 목탁으로 정근목탁을 치면서 명호정근을 하면 아주 좋지만, 불연(不然)이면 가슴에 합장하여 "산왕대신"을 반복해 부르면서 주제가 있는 기도를 하면 되는 것이다.

왜, 큰 바위 앞에서 바위를 향해 산기도를 해야 소원이 대부분 이루게 되는가? 통계적으로 큰 바위 밑에서 산기도를 해서 소원의 득력(得力)을 한 사람들의 사례는 부지기수이다.

큰 바위는 우주에서 발사되는 신령스러운 기(氣)를 수억 년 이상 받아 기가 응축되어 있기 때문이다. 불교에서 영험하다는 불상은 대부분 재질이 큰 바위에서 선택한 것임을 알아야 한다. 미륵불도 석재(石材)가 대부분이다. 어찌 보면 바위신앙이라고 해도 지나친 말이 아니다. 기가 응축된 바위에 불상을 새겨 조성했으니 금상첨화(錦上添花)라 하겠다.

대한민국 전국의 기도자들이 장사진(長蛇陣)을 치는 대구 팔공산 갓바위 불상과 도선사의 석불, 낙산사의 석불, 관음상가화 보문사의 석불상, 남해 보리암의 석불상 등이 바위신앙의 대표적이다. 또 유명 기도터는 큰 바위가 병풍처럼 법당을 둘러싼 곳이다. 큰 바위가 있는 곳에 기도장이 있고, 기도하면 소원성취 한다는 영험담이 부지기수로 전해오는 것이다.

바위가 없는 토산(土山)은 우주에서 발사되는 기를 받았지만 땅속으로 사라졌기 때문에 토산에서 기도하여 영험을 얻었다고 전해오는 이야기는 드물다. 독자 여러분, 큰 바위가 있는 적멸의 산이 최적의 기도터라는 것을 명심하기 바란다.

부처님, 예수, 마호메트도 산에서 기도했다

우주의 본체 법신불의 화신인 불교의 교주 석가모니불, 기독교의 교주 예수, 이슬람의 교주 마호메트도 기도의 성취를 하기 전에는 모두 큰 산에 올라 큰 바위 쪽에서 기도하여 소원을 성취하였다.

기도(祈禱)의 참뜻은 무엇인가? 기도는 바람, 소원 등의 뜻을 담고 있다. 부처님은 산에서 마음속에 무엇을 바라고 소원하면서 수행하고 있었을까? 그것은 자신의 모후(母后) 마야 부인이 자신을 낳고 일주일 만에 세상을 떠났는데, 그때부터 "인간은 태어나서 왜 죽어야 하며 죽은 인간의 영혼은 어디로 가느냐"가 의문이었다. 바꿔 말해 생멸(生滅)은 왜 있는가를 생각하며 생멸이 없는 법의 유무(有無)에 대해 해답을 얻기 위해 기도 명상하고 있었다.

부처님은 산에서 절대신에게 울며 간구하는 타력공부가 아닌 자력(自力)의 마음공부로 소원인 우주의 진리를 깨달았다.

예수는 자신의 조국 이스라엘의 신인 '여호와' 전에 기도했다. 산기도에서 예수는 여호와의 음성의 계시를 받았다고 했다. 마호메트도 산기도에서 '알라'의 음성과 계시를 받았다고 했다.

예수교와 유대교, 이슬람의 기도터인 예루살렘은 온통 큰 바위가 있는 것이다. 따라서 예루살렘은 수억 년의 우주의 기를 머금은 바위산이어서 영험을 보이는 것이다. 이슬람의 교도들이 섬기는 메카의 하람성원 중앙에 위치한 카바신전에는 큰 바위가 모셔져 있다. 그 바위가 신석(神石)이다.

이슬람교도들은 메카에 있는 큰 바위를 신석(神石)으로 숭배하고 생전에 손으로 신석을 찾아 순례길에 나서고, 신석을 만지며 기도하는 것이 무상의 광영으로 여기고 있다. 이슬람교도들은 타국에 살면서도 메카의 신석을 향해 하루에 한 번씩 궁둥이를 들고 큰절을 하고 있다. 신석의 순례 때 순례군중들의 발에 짓밟혀 죽어도 광영으로 여긴다.

기독교와 마호메트교의 이슬람교는 마치 한 조상의 이야기를 하듯 비슷하나 극단적인 이견으로 충돌하는 것은 예수가 유일신인 여호와의 독생자(獨生子)라는 주장에 이슬람교는 격노하여 반대하여 투쟁한다. 이슬람교는 예수를 전능한 신의 독생자로 인정하지 않는다. 독생자라는 주장은 유일신에 대한 신성모독이라는 것이다. 전능한 유일신이 정혼자가 있는 처녀의 자궁에 씨를 뿌리는 비열한 짓은 절대 하지 않는다는 주장이요, 분노이다.

따라서 기독교와 이슬람교는 불구대천(不俱戴天)의 사이가 되었고, 지구가 종말을 맞거나 기독교와 이슬람교 중의 하나가 전멸하지 않는 한 시비와 살육의 전쟁은 쉬지 않을 것이다.

여하튼 부처님과 예수와 마호메트는 산기도를 통해서 깨달음을 얻고 신의 계시를 받는 등 소원을 이루었다.

그러나 무속인의 기도법도 큰 바위가 있는 적멸의 장소에서 기도를 하면 인간의 과거 현재 미래를 통찰하는 신통력을 얻는 사례는 부지기수이다. 그 신통력을 대부분 돈을 추구하고 탐욕을 부리는 점(占)을 치는데 이용하는 탓에 그 신통력은 탐욕에 의해 때가 되면 자연 소멸되어 버린다. 따라서 명무(名

巫)는 수시로 산의 큰 바위 기도터에 가서 방전한 배터리 충전하듯 기를 충전 받는 기도를 해온다.

그러나 인류를 구원하고 구제하는 원력을 세우고 실천하는 부처님과 예수와 마호메트는 종교의 교주가 되어 전 세계의 인연 있는 곳에 영원한 가르침으로 전해온다. 성인의 기도와 점을 치기 위한 소원의 기도는 천지 차이가 있는 것이다.

산기도를 통해서 신통력을 얻은 사례 중에서

한국에서 발생한 종교의 최초 교주로 지목되기도 하는 천도교의 수운 최제우(崔濟愚)도 산기도를 통해 신통력을 얻었다. 그는 경주 출신의 서자(庶子)로 태어났다. 당시 신분제 때문에 서자는 학문은 깊이 익혔으나 관직에 나갈 수가 없었다. 그는 승려가 되어 금강산에서 수행하던 중 한 고승으로부터 "새로운 민족종교를 만들라"는 가르침을 받고 환속하여 천도교를 창교하였다. 최제우는 자신이 겪은 산기도에서 접신(接神)되는 장면에 대해 그의 저술에서 밝히고 있다. 결론적으로 최제우는 승려생활을 접고 산기도에서 신통력을 얻은 후 천도교를 창교한 것이다.

최제우의 창교 이후, 산사에서 고승으로부터 배우고 산기도를 통해서 신통력을 얻은 기도자가 전북 고부 출신의 강일순(姜一淳)이다. 증산(甑山)은 강일순의 호이다. 그는 원래 최제우를 숭배하였으나 최제우가 대구 감영에서 참수당한 것을 알고, 또 전봉준이 이끄는 동학교도가 고부의 황토현에서 일본군의 기관총에 몰살당하는 것을 보고, 분석하여 생각을 바꿔 스스로 자신의 종교인 증산도(甑山道)를 창교한 것이다.

강일순(姜一淳)으로부터 일어난 신앙단체는 보천교(普天教) 대순진리회(大巡眞理會) 등이 있다. 강일순도 산사에서 종교를 배운 시절이 있었다. 그는 자칭 미륵불이라 칭했다.

나는 30 후반에 일본에 건너가 천리교(天理教) 본부를 찾아갔다. 천리교는 무명의 시골 아낙이 산기도를 통해서 얻은 신통력으로 사람들을 감동시켜 만들었는데 그 천리교는 지금은 국제적으로 포교가 진행된 지 오래이다.

과거 치악산 상원사 밑 동굴에서 20대 후반의 여자가 산기도를 하여 신통력을 얻었다. 그녀는 "관세음보살"을 반복해서 부르는 명호정근을 했다. 그녀의 속마음 기도의 주제는 자신이 손으로 만지면 모든 사람의 병이 낫고, 사람의 과거 현재 미래를 통투(通透)하는 신통력을 원하면서 기도를 했다. 마침내 뜨거운 불기운 같은 기운이 정수리를 타고 온 전신에 퍼져 접신(接神)이 되었다. 그녀의 신통력은 예언과 치병에 백발백중이었다. 1천 억대의 돈을 벌었다. 상원사 주지 승려와 결혼하여 자녀를 두었다. 돈을 탐하자 그녀의 신통력은 하루아침에 사라져 죽고 말았다. 그녀의 이름은 여기서 적지 않겠다. 그녀는 훗날 비구니로서 명망을 떨치고 죽었기 때문이다. 이러한 신통력을 얻은 산기도자의 예화(例話)는 부지기수이다.

독자 제현이 깨닫고 나면 온 우주가 본체, 비로자나 법신불의 작용조화요, 인연법으로서 우주일화(宇宙一華)라는 것을 알게 될 것이다. 그러나 지구에는 우주의 기(氣)가 응축되어 있고 그 기를 간절히 원하는 기도자에게 기도의 응답을 하는 곳은 기도하는 법당이다. 그 법당에 못지않게 응답하는 곳이 우주의 기(氣)가 응축되어 있는 기암괴석의 큰 바위라는 것을 거듭 강조하는 바이다.

4. 선운사의 관음전(觀音殿)

아름다운 동백 숲으로 유명한 선운사(禪雲寺)는 백제 위덕왕 24년(577년)에 검단선사에 의해 창건된 천년고찰이다. 대웅보전은 보물 제290호로 지정되어 있다. 이 밖에도 보물로 지정된 금동지장보살좌상 등 19점의 유물을 가지고 있다. 선운사 대웅보전 우측에 관음전이 있다. 전설에 의하면 선운사에는 관세음보살상과 금동지장보살좌상에 대한 기이한 전설이 내려온다.

선운사의 불상은 전국 어느 사찰에서도 비교할 수 없이 훌륭하게 조성되어 극찬을 받아오고 있다. 대웅보전의 삼존불상(三尊佛像)과 영산전(靈山殿)의 불보살상은 불상 조성의 극치로 평가되고 있다. 특히 영산전 석가모니불상은 전단향목(栴檀香木)으로 조성되어 1천년의 세월이 흐른 작금에도 불상 앞에 기도하면 향 내음이 은은하게 발향(發香)하는 것을 느낄 수 있다. 은은한 전단향의 냄새를 느끼면서 기도하면 "한 가지 소원을 이룰 수 있다"는 전설도 전해온다.

그 가운데 전설에 의하면, 관세음보살상과 금동지장보살좌상은 선운사의 대표적인 기도의 대상이다. 그러나 임진왜란에 이어 정유재란 때, 관군과 의병들과 일본군들은 선운사에서 전투가 벌어졌다고 한다. 그때 누군가에 의해서 선운사는 거의 전소되는 불행에 처했다.

그 때 선운사의 관음상은 일본군의 지휘관에 의해 일본국으로 이동되어 사라졌다는 설이 있다.

일본군 지휘관은 선운사의 관음상에 예배를 드린 후 "일본 국민들의 신앙의 대상으로 모셔갑니다." 하며고 관음보살상을 모셔갔다는 전설이 있는 것이다. 그 관음상은 일본 도쿄시의 한복판의 명찰 '센소지'(淺草寺)의 관음당에 봉안되었다는 미확인된 설도 내려온다. 분명한 사실은 '센소지'(淺草寺)의 관음당에는 백제시대에 조성된 관음상이 봉안되어 있고, 일본 관음신앙의 본산으로 전해온다.

선운사의 백제 관음상이 일본군에 의해 실종된 것은 사실이나 정확히 일본국 어느 절에 실종된 관음상이 일본인들의 관음신앙의 대상이 되어 있는지 그것은 아직 정확히 학술적으로 규명되지 않고 있다.

또 선운사의 금동지장보살좌상(보물 제279호)도 일본인에 의해 문화재 절도식으로 일본국으로 비밀리에 이동되어 갔다.

1936년 당시 일본인 2명과 우리나라 사람 1명이 공모하여 금동지장보살 상을 훔쳤다. 그 후 지장보살상은 거금의 돈으로 팔려 일본으로 갔다. 그런데 일본국으로 간 지장보살상이 소장자의 꿈에 수시로 나타나서 "나는 본래 전라도 고창 도솔산에 있었으니, 어서 그곳으로 돌려보내 달라"고 독촉하였다. 소장자는 이를 대수롭지 않게 여겼는데, 이후로 병이 들고 가세(家勢)가 점점 기울게 되자 꺼림칙한 마음에 보살상을 다른 이에게 팔아 넘겨 버렸다.

그러나 이번에도 마찬가지로 지장보살이 소장자의 꿈에 나타나 "선운사에 돌아가도록 독촉하였다." 이를 무시하여 집안에 우환이 끊이지 않게 되자 그 역시 다시 다른 이에게 넘기게 되었다. 그 후 여러 사람의 손을 거치면서 이 보살상을 소장한 사람들이 겪은 일들이 널리 알려지게 되었으며, 마지막으로 소장하게 된 사람이 금동지장보살의 꿈속 독촉을 절실히 깨닫고 이 사실을 고창경찰서에 신고하였고, "선운사에서 모셔갈 것"을 부탁하기에 이르렀다.

그리하여 당시 선운사 스님들과 경찰들이 일본 히로시마로 가서 보살상을 모셔오게 되었다. 이때가 도난당한지 2년여 만인 1938년 11월이었다. 당시 잃어버린 보살상을 다시 모시고 온 사실을 기념하기 위해 찍은 사진에도 당시 사건에 대한 이러한 개요가 간략하게 기록되어 있다. 일본국에서 선운사에 돌아온 지장보살상은 선운사에서 영혼 천도제를 지내

는 전각에 주불(主佛)로 봉안되어 있다. 이 글을 읽는 사부대
중이여, 영험한 몽중계시로 일본국에서 돌아온 지장보살상을
참배하고 영혼 천도의 기도를 하기 바란다.

　선운사는 대웅보전 우측에 관음전(觀音殿)을 다시 세웠다.
그리고 일본국으로 떠나신 관음보살을 다시 봉안한다는 각
오에서 고증을 거쳐 예전의 관음상을 복원하여 봉안하였
다. 관세음보살님은, 우주를 창조하신 전지전능의 청정법
신비로자나불(清淨法身毘盧遮那佛)님의 고해중생을 구제하기
위한 화신(化身)이다. 지구의 어느 국토에도 하나의 달이 천
공에 떠 일천강(一千江)에 나투듯, 많은 국토에서 고해중생
을 구제하고 계시는 것이다. 고해 대중이여, 선운사에 참배
를 할 때, 일본에서 돌아오신 지장보살상에 참배하고, 소원
의 기도를 하고, 선운사 관음전의 관음보살상 앞에 소원성
취의 기도를 하기 바란다.

제4장

마음공부와 기도 3

1. 무학대사(無學大師)와 이성계(李成桂)

　인연에 의해 이 세상에 태어나면 학업을 통해서, 사업을 통해서, 사부(師傅)나 지혜 있는 분들로부터 자문과 교훈을 많이 들어야 성공의 첩경이 될 수 있다. 또 서책을 통해서 1천년의 인간이 겪은 지혜를 원용하여 오늘에 지혜롭게 살 수 있다.

　도선국사로부터 자문 교훈을 얻어 고려국을 건국한 고려국의 태조 왕건의 이야기와 무학대사의 자문과 교훈을 받아 이조(李朝) 왕가를 창업한 태조 이성계(李成桂)의 성공담 같은 사례는 한국의 역사에 교훈으로 길이 전해오는 이야기다.

　지면관계상 여기서는 무학대사와 이조의 태조 이성계(李成桂)의 이야기만을 소개하고자 한다.

　이성계가 젊은 무장(武將)으로 활약할 때 어느 날 밤에 기이한 꿈을 꾸었다. 무너져가는 큰 기와집에 들어갔는데 그 큰 기와집이 워낙 낡아서 붕괴 직전이었다. 이성계는 붕괴가 불안하여 큰 기와집에서 나오는데 이상하게도 자신의 등에 서까래 셋을 가로 짊어지고 나오는 꿈을 꾸었다. 꿈에서 깬 이성계는 흉조(凶兆)인지 길조(吉兆)인지 스스로 알 수가 없어 다음날 근처의 유명하다는 여무(女巫)를 찾았다.

유명한 여무(女巫)는 이성계의 꿈 이야기를 듣고는 강신(降神)하여 신의 해몽에 대한 신탁(神託)을 알고자 방울을 흔들며 신전에 노력했으나 이상하게도 강신이 되지 않았다. 여무는 정색하여 이성계에게 자신은 도저히 그 꿈 해몽을 할 수 없다고 말하고 가까운 설봉산 토굴에 한 고승이 혼자 수행하고 있으니 찾아가면 해몽을 들을 수 있다고 권하였다.

이성계는 혼자 토굴의 고승을 찾아가 예를 갖추고 대면했다. 그 고승이 바로 무학 대사였다. 무학대사는 이성계가 오기 전에 이미 올 것을 전조(前兆)를 통해 알고 있었고 이성계의 관상을 살핀 후, 꿈 이야기를 들은 무학대사는 금방 의미를 깨닫고 이성계에게 누가 엿들을 것을 두려워하는 듯 나직이 말했다.

"낡아 붕괴되는 큰 기와집은 망해가는 고려국(高麗國)을 의미하는 것이요, 그 집에서 나오면서 등에 서까래 셋을 짊어지고 나왔다는 것은 왕(王)을 의미하는 것이니, 장군은 장차 새로운 나라의 왕이 될 것이라는 천기를 미리 깨닫게 해주는 길몽입니다. 차후 어느 누구에게도 두 번 다시 그 꿈 이야기를 해서는 안 됩니다."

그날 무학대사는 이성계에게 재삼 꿈 이야기를 다시 해서 천기(天機)누설하여 대업을 스스로 망치는 입조심을 강조하며 첫째, 백성의 민심은 물론 수하 장병들과 여타 장병들까지 민심을 얻는 노력을 기울이라 했고, 둘째, 관음기도를 하여 가호를 얻어야 한다고 강조했다. 그날 이성계와 무학대사는 서로의 손을 힘차게 잡았다.

무학대사는 평소 한 곳에 머물지 않고 부운(浮雲)처럼 혼자 전국을 돌아다니는지 자취를 감추다가 때가 되면 가끔씩 이성계 장군을 찾았다. 대업의 때를 은밀히 묻는 이성계 장군에게 무학대사는 "아직 때가 오지 않았으니 부지런히 민심을 얻는 일을 많이 하고 관세음보살전에 기도할 것"만 강조하였다.

마침내 이성계가 고려의 대병력을 지휘하는 때가 도래했다. 당시 고려국의 일인지하 만인지상(一人之下 萬人之上)의 지위에 있는 최영 장군이 이성계 장군에게 특별한 명령을 내렸다. 대병력을 내줄 터이니 망해가는 원(元)나라를 지원하는 차원에서, 새롭게 요원의 들불처럼 일어나는 명(明)나라를 토벌하라는 군령을 내린 것이다.

이성계는 황급히 무학대사를 찾았으니 남긴 서찰에는 "때가 왔다"는 것만 쓰였을 뿐이었다. 이성계는 대병력을 이끌고 중국 땅으로 진격하는 변경지역인 '위화도'에 진을 쳤다.

드디어 최영 장군의 특사가 군대를 지휘하여 즉시 명나라를 치라는 명령을 받고 이성계가 출병 직전의 밤, 칠흑 같은 밤, 은밀히 무학대사가 이성계의 장막을 찾았다. 그동안 무학대사는 중국 땅에 건너가 원(元)나라가 끝나고 새로운 명(明)나라가 중국 대륙을 거의 장악한 것을 직접 목도하고 황급히 귀국하는 길이었다. 무학대사는 엄숙히 이성계에게 명나라를 공격하는 출병에 대한 부당성을 세 가지를 들어 강조했다.

첫째, 고려를 속방으로 공녀(貢女) 공물(貢物) 등으로 괴롭히던 원나라는 명의 군대에 쫓겨 거의 멸망한 탓에 출병해서 원나라를 구원할 수 없다는 것이었다.

둘째, 한족(漢族)이 주도하는 새 나라를 희망하는 기세등등한 백만이 넘는 명군(明軍)을 몇 만의 고려군이 맞서 전쟁을 벌이는 것은 도저히 승산이 없고 출병한 고려군은 다시는 고향에 부모형제와 처자를 볼 수 없이 몰살당하는 것은 물론 그 시체는 대륙에 버려지고 영혼은 주인 없는 고혼이 된다는 것이다.

셋째, 원(元)을 멸망시킨 명군이 복수를 위해 고려를 침공하면 고려군은 물론 무고한 고려의 백성은 집단살해를 당하는 살겁을 피하기 어렵다는 것이었다.

이성계는 긍정의 고개를 끄덕였다. 이성계는 고려의 왕과 최영을 위시한 조정의 실력자들은 왜 승산 없는 전쟁으로 고려군을 출병하는 것인가에 대한 혜안의 논평을 무학대사에게 구했다.

무학대사는 거침없이 답하였다. 첫째, 망해가는 고려국이기 때문에 판단이 흐려 망해가는 원(元)을 구하려는 것이고, 둘째, 최영을 위시한 실력자들이 민심을 얻는 이성계를 시기하여 "이성계와 따르는 장병들을 다시는 고향에 돌아올 수 없는 사지(死地)로 보내려는 음모일 뿐"이라고 말해주었다. 무학대사는 외치듯 말했다.

"망해가는 원(元)을 구하기 위해 장군을 따르는 장병들은 물론 무고한 고려백성이 몰살당하는 출병을 하실 것이오? 이제 원(元)고도 고려국의 국운은 끝났습니다. 이제 장군은 망한 원(元)을 위해 죽어야 하는 장병들과 함께 살아서 백성이 원하는 새 나라를 건국하시는 때가 온 거요."

다음날 이성계는 장병들에게 "망한 원(元)을 위해 우리 장병이 죽어야 할 이유가 없다"는 조의 선동연설을 하였다. 또 고려군의 출병은 결국 장병들을 몰사하고 명나라의 보복전쟁으로 고려국의 백성이 몰사한다는 것을 연설했다. 특히 중국 땅에 출병하면 고향의 부모형제와 처자를 살아서는 다시 볼 수 없다는 것을 강조하여 연설했다. 자신들을 사지로 몰아넣는 것을 깨달은 고려군은 하늘이 떠나가라 분노의 함성을 내지르며 자신들을 죽이려는 최영을 타도하기 위해 회군(回軍)하자는 성난 군심(軍心)으로 돌변해 버렸다.

무학대사는 고려인들 대다수의 민심이 원(元)과 함께 망해가는 고려국에 대하여 희망을 접은 지 오래라는 것을 환히 알고 있었다. 중국 백성이 새로운 나라 명(明)을 선택하듯이 고려국의 백성은 이제 새 나라를 원한다는 것을 전국을 행운유수(行雲流水)처럼 다니면서 통찰한 것이다. 이성계는 위화도회군으로 천명(天命)의 이씨 조선 개국의 단초를 열었다.

이성계는 두 사람에게 자문을 많이 받았다. 무학대사와 정도전(鄭道傳)이었다. 무학대사는 중국의 유방(劉邦)이 한(漢)제국을 창업하도록 결정적으로 도와주고 홀연히 산으로 사라진 장량(張良)같은 처신을 하며 이성계에게 부귀를 원하지 않았다.

정도전은 자신이 중심이 되는 재상 정치를 탐하고 이성계의 본부인 아들인 태종 편에 서지 않고, 이성계의 둘째부인 강(姜) 씨의 소생 아들을 왕위에 오르게 하는 정치공작을 펼치다가 태종 이방원에게 쫓겨 자신의 집 마루 밑에 숨었다가 붙잡혀 참수 당하는 불행을 당했다.

부귀의 욕망에 의한 잘못된 판단으로 정도전은 참수 당했지만 무학대사는 초연히 이산 저산으로 유유자적하는 인생을 살았으니 그것은 부귀를 탐하지 않은 원인이다.

이성계는 죽음을 앞두고 무학대사를 마지막으로 보고 싶어 찾았다. 그러나 무학대사는 도저히 찾을 수가 없었다. 진정 명리(名利)를 떠난 무학대사는 하늘의 뜻이 이씨 조선을 원하고 그 기간은 5백년이 간다는 것을 알고 이성계를 인도해 주고 소임을 다한 듯 사라졌다. 그는 천명의 전달자였다. 무학대사는 어느 산 토굴에서 홀로 "나무관세음보살(南無觀世音菩薩)"을 부르는 기도를 하다가 입적했을 것이라는 풍문만 무성할 뿐, 한양거리나 시골 어디서고 무학대사를 보았다는 사람은 아무도 없었다.

2. 관음기도로 중국 여황제 된 무측천(武則天)

관세음보살은 중생을 구원하기 위해 32응신으로 화신한다는 경전의 말씀이 전해온다. 그것은 비유컨대 밤하늘에 밝게 빛나는 만월(滿月)이 하나이지만 일천강(一千江)에 떠 있다. 이렇듯이 관세음보살의 본체는 하나이지만 화신은 부지기수의 숫자로 인간세계에 인간으로 태어나 중생을 구원하기 위해 불교 수행하는 모습, 성불하는 모습, 중생을 구제하는 모습을 보여주면서 일체중생이 자신과 같이 자비를 실천할 것을 가르치시는 것이다.

이러한 관음보살의 화신들의 이야기는 부지기수로 전해오지만 중국의 유일한 여황제 무측천(武則天)을 소개한다.

지극지성 관음기도 한 모녀

무측천의 아버지 무사확은 중국 산서성(産西省)의 목재상으로 출발하여 당의 수도 장안에서 유명한 부자였다. 무사확은 부자이면서 병법에 깊이 통달한 인재였다. 무사확은 당시 새로운 나라 당(唐)을 개국한 황제 이연(李淵)에게 자신이 저술한 병법서를 보여주고 이연은 병서를 읽고 크게 감탄하여 무사확을 천하의 인재로 아끼고 당을 개국한 후 무사확을 군사령관에 중용했다.

무측천의 어머니 양 씨(楊氏)는 사족 출신이었다. 양 씨는 어려서부터 총명하고 예절과 시를 익혔으며 독서에 힘썼다. 특히 불교를 독실하게 믿어 절에 가지 않는 날이면 집안에서 향을 피워 관세음보살전에 기도하는 것을 게을리 하지 않았다.

양씨는 다음과 같은 교훈을 벽에다 써 걸어 놓고 하루에 세 번씩 항상 소리 내어 읽고 각골명심(刻骨銘心)하듯 하였다고 한다.

"9대에 이르기까지 악행을 했다는 세평(世評)을 듣는 일이 없도록 사방에 선행을 베풀어야 한다."

양 씨는 자신은 결혼하지 않고 죽은 부모를 위해 관세음보살님전에 기도 염불하며 왕생극락을 축원하는 것으로 일삼았다. 소문을 들은 당(唐) 고조 이연은 자신이 아끼고 믿는 무사확을 불러 친히 황제가 혼주가 되어 양 씨 처녀와 성대한 결혼식을 치러주었다. 결혼하지 않고 관음기도로 일생을 보내려 했던 양 씨는 황제의 명을 거역할 수는 없었다.

어느 날 무사확의 아내 양 씨가 관음보살전에 향 피워 기도하는 중에 비몽사몽(非夢似夢)간에 관음진신이 나타나 자비로운 미소를 지으며 이렇게 말했다. "너의 기도가 간절하니 내가 화신으로 너의 몸을 빌려 태어나 불교를 홍왕시키고 중생을 구원하겠노라." 그 후 양 씨는 딸인 무측천을 낳았다. 무측천이 강보에 싸여 울다가도 어머니가 "관세음보살"을 불러주면 울음을 그쳤다 한다. 그 후 무측천은 말을 하면서부터 어머니와 함께 관음보살전에 기도하기를 좋아했다.

무측천이 여황제로 등극할 것을 선인(仙人)이 예언

부처님이 태어나실 때 히말라야 산에서 수행하여 득도한 선인(仙人) '아시타'가 왕궁에 찾아와 강보에 싸인 아기 실달태자의 관상을 보고 다음과 같이 말했다.

"이 왕자는 세상에 머물면 전 인도를 통일하여 선정을 베풀 전륜성왕(轉輪聖王)이 될 것입니다. 그러나 출가하면 성중성(聖中聖)으로 천인(天人)이 존경하는 부처님이 되실 것입니다. 저는 늙고 병들어 수명이 다되어 왕자님의 성공을 보거나 가르침을 받을 수가 없이 죽게 됩니다. 그것이 한없이 슬픕니다."

역시 무측천이 아기로 강보에 싸였을 때 중국 최고의 선인 '원천강'이 무사확이 이주도독으로 재직할 때 집으로 찾아왔다. 원천강은 우선 양 씨의 관상을 보면서 깜짝 놀라는 표정을 지으며 정중히 절을 올렸다. "부인께서는 성인의 가피로 귀한 자식을 두셨는데 중국 역사에 유일한 귀한 자식이 될 것입니다."

당시 양 씨 부인은 무측천을 남자아이 옷을 입혀 강보에 싼 채 원천강에게 보여주었다. 원천강은 "이 자제분은 귀한 상을 가져 귀인 중에서 존귀한 상입니다. 만약 여자라면 훗날 여황(女皇)이 될 것입니다. 하늘의 뜻을 외부에 소문내서는 절대 안 됩니다."

무측천의 아명은 무미랑(武媚娘)이다. 무측천은 얼마나 미인이었을까? 이상한 일이다. 역대 제왕은 자신의 진영(眞影)과 소상(塑像)을 후세에 남기기를 좋아했는데 무측천은 이상하게도 자신의 진영과 소상을 남기지 않았다. 명나라 때 역대 제후상(歷代帝后像) 등이 전해오나 무측천의 진짜 용모는 전해오지 않았다. 단지 무측천의 딸인 태평공주(太平公主) 얼굴이 무측천과 비슷하다 하여 태평공주의 용모를 그림으로 그려 전해오는 것뿐이다. 무측천의 관상을 본 원천강의 기록에 의하면, "큰 키에 날씬한 몸, 절세미모에 위엄 가득한 제왕의 귀한 상으로 용의 눈과 봉황의 목을 했었다"고 전해올 뿐이다.

감업사(減業寺)에서 비구니가 된 무미랑

무미랑이 열네 살 되던 해에 당 태종은 그녀가 천하의 절색이요, 박학다식하고 예절에 밝다는 말을 듣고 즉시 조서를 내려 대궐로 불러 재인(才人)이라는 직함을 주었다. 당 태종이 무미랑을 부른 것은 총애하는 여인으로 택한 것이 아닌 아버지의 친구라 할 수 있는 무사확의 딸이었기에 대궐에서 일할 수 있도록 특채한 것이다. 당 태종은 무미랑의 손 한번 잡지 않고 어린 시녀로 생각하고 일을 시켰을 뿐이다.

늙고 병이든 대다수 황제들이 그렇듯이 당 태종도 말년에는 대신들은 물론 황자들도 믿지 못하고 의심했다. 태종이 병이 깊어졌을 때 태종이 가장 사랑하는 문덕황후 장손씨가 낳은 셋째 아들 이치(李治)가 병문안을 자주 오고 병수발을 자주 들었다. 이치는 태자가 될 수 없는 위치였지만 태종의 병수발을 지극지성으로 하여 신임을 얻어 마침내 형들을 제치고 태자가 되는 행운을 얻었다.

이치가 병수발을 할 때 여러 후궁 가운데 무미랑과 함께 태종의 병수발을 하는 횟수가 잦았다. 이치는 무측천 보다 네

살 어렸지만 병수발을 하면서 무미랑을 짝사랑하게 되었고 무미랑도 이치에 희망이 있다는 것을 깨닫고 이치의 사랑을 받아들였다.

649년 5월 16일. 태종은 종남산에서 도사들의 만수무강 기도를 받았지만 천명은 피할 수 없어 죽고 말았다.

이틀 후 태자 이치가 대통의 관 앞에서 즉위했는데 바로 당 (唐) 고종이다. 고종은 태종의 비빈들에게 감업사(減業寺)에서 여승이 되도록 명령했다. 부처님전에 태종의 왕생극락을 위해 기도하면서 여생을 마치라는 뜻이다. 무미랑은 태종과는 손도 잡아보지 못했지만 비구니가 되는 억울한 처지가 되었다. 고종은 무미랑을 잊지 못하여 감업사에 찾아와 비구니가 된 무미랑을 찾아 부여안고 울었다.

마침내 무미랑은 당 고종의 명을 받들어 4년간의 감업사 비구니 생활을 청산하고 다시 황궁으로 돌아갔다. 고종은 무미랑이 아들 이홍(李弘)을 낳았기에 직위를 소의(昭義)에 봉했다. 소의는 정3품의 벼슬이었고, 이때 무미랑의 나이는 스물아홉이었다. 그 후 다사다난한 세월을 거쳐 무미랑은 마침내 봉관(鳳冠)을 쓰고 당나라 고종의 황후가 되었다.

관음기도 성취로 중국 최초 여황제에 오르다

태종과 고종의 옆에서 정치를 배운 것도 중요하지만 고금의 만권서적을 통독하여 깨닫고 천부적인 재능을 타고난 무황후는 남편 고종이 병이 깊어 정사를 직접 돌볼 수 없는 지경에 이르자 수렴청정(垂簾聽政)이 아닌 정치를 직접 관여하고 결재하기 시작했다. 중국 천하의 정치는 무황후가 좌지우지하는 지경에 이르렀다. 그녀는 반란을 잠재우고 부정부패 척결에 나섰다. 무황후의 정치는 대다수 백성이 환영하는 선정이어서 찬가가 높았다.

683년 12월 4일. 무측천의 남편인 고종이 붕어했다. 그 후 무측천은 태후의 신분으로 무측천의 셋째 아들 현(顯)을 고종의 관 앞에서 황제로 즉위하게 했고 중종(中宗)이라 했다.

무측천은 중종이 나라를 망칠 수 있다고 느꼈다. 중종을 폐위시키는 등 몇 차례의 정변을 겪고 나서 마침내 무측천이 나라의 이름을 주(周)로 하여 자신이 주나라의 여황제로 등극하였다. 중국 역사에 최초로 여황제가 탄생한 것이다.

무측천은 여황이 된 후로 천하 백성의 고통을 없애고 안락과 풍요를 주기 위해 역사에 어느 누구도 흉내 낼 수 없는 자비의 선정을 베풀었다. 한편 무측천은 중국 천하는 물론 이웃 나라에까지 불교중흥을 위해 진력하였다. 전국 각지에 불상

을 조각 봉안하여 중생이 귀의케 하면서 특히 관음신앙을 전
국적으로 펼쳤다. 도처에 관음상을 봉안하여 백성으로 하여
금 향화를 받들게 하고 기도의 대상이 되게 하였다. 다시 말
해 중국의 대부분 관음상은 앞서 언급했듯이 무측천의 용모
를 조각한 것이다. 자신이 영원히 관음보살의 화신으로 중생
을 구원하고 싶은 소망을 보인 것일까?

704년. 무측천의 부귀영화에도 제행무상의 시기가 닥쳤다.

무측천은 태자에게 소원을 요청했다. 첫째, 당(唐)의 국호를
계승할 것. 둘째, 자신이 죽은 후 남편 고종과 합장(合葬)해 줄
것과 셋째, 자신을 황제로 칭하지 말고 고종의 아내로서 측천
대성황후(則天大聖皇后)라 칭하게 했다. 다섯째, 자신의 얼굴을
남기지 말고 자신의 비석에는 글자가 없는 무자비(無字碑)를
세워 역사에 남기도록 했다.

무자비(無字碑)를 세운 무측천

705년 11월 26일. 혹한의 겨울 어느 날 저녁 무렵에 무측
천은 "나무관세음보살"의 불호를 외우면서 상양궁의 선거전
에서 여든둘의 나이로 숨을 거두었다.

무측천은 왜 무자비(無字碑)를 고집했을까? 생전의 깨달음
과 공덕이 크지 않은 일부 고승도 과장되어 중생을 기만하기

조차 하는 대형 비석에 현란스럽고 신비주의로 비문을 적어 후세에 전하는데, 무측천은 왜 무자비(無字碑)로 만족했을까? 또 왜 자신의 아름다운 얼굴의 진영(眞影)은 남기지 않고 오직 꿈속에서 본 관음보살상만 조각하고 그림을 그리게 하여 중국 천하는 물론 한국 일본에까지 전하였을까?

무측천이 남긴 관세음보살상은 무측천의 얼굴이었을까? 아니면 진짜 관세음보살의 모습이었을까? 하지만 필자는 단언하건대 중국 역사에 유일무이(唯一無二)한 최초 여황제 무측천은 관세음보살전에 기도하여 소원성취를 한 것은 분명하다.

3. 관음기도로 중국 명태조(明太祖) 된 법해 스님

　중국의 역대 황제 가운데 유일하게 탁발승(托鉢僧)이 25세에 의병의 군문(軍門)에 투신하여 20년 만에 황제가 된 기적 같은 성공담이 전해온다. 속성은 주(朱), 아명(兒名)은 여덟 번째 아들이라 해서 중팔(重八), 법명은 법해(法海)이다. 그는 훗날 지위가 높아지자 이름을 품위 있게 짓는다면 주원장(朱元璋)이라 개명했다.

　그는 탁발승으로서 식주(息州)·진주(陳州)·신양(信陽)·회서(淮西) 등 지방 이곳저곳을 돌아다니다가 원(元)나라의 군사들이 자신이 살던 황각사(皇覺寺)를 불태워 버리자 분격(奮激)하여 원(元)나라의 폭정에 대항하여 싸우는 의병이 되었다. 의병은 머리에 붉은 두건을 써 홍건군(紅巾軍)이라 했고 졸병으로 투신한 당시 그의 나이는 25세였다.

중국 땅에서 몽고군을 내쫓을 영웅을 고대 갈망하던 한족(漢族)들

몽고 칭기즈칸의 후손이 중국을 침공하여 세운 나라가 원(元) 제국이다. 원을 세운 몽고군은 한족(漢族)이 다시는 무장하여 대항하지 못하도록 활, 칼, 창 등 무기를 제조하여 지닐 수 없도록 법률로 정했고, 만약 금기의 무기를 소지할 때는 사형의 중형으로 다스렸고 폭정, 학정으로 통치를 했다.

따라서 탄압받는 한족의 원성은 충천하였다. 한족의 가슴속에는 중국 땅에 하루속히 한족(漢族)의 영웅이 나타나 몽고족의 원나라를 멸망시키고 한족(漢族)의 영웅이 새 나라를 건국하여 폭정 학정이 없는 천하태평이 오기를 학수고대하였다.

원나라 순제(順帝) 지정(至正) 4년(1344, 재위 12년째)의 상반기에 회하(淮下) 지역에는 전례 없는 혹심한 가뭄이 들어 수확이 어려운 가운데, 메뚜기 떼들의 피해와 전염병의 창궐로 백성들이 도처에서 속수무책으로 죽어 나가고 마을마다 곡성이 낭자하여 끊이지 않았다. 백성들은 비참한 심정으로 비를 내려달라고 최고신이라는 옥황상제님께 빌어도 보고, 산신님께 빌어도 보고, 용왕대신 등에게 애걸복걸 빌어 보았지만 비는 내리지 않았다.

백성들이 고통에 빠져 절망하고 있을 때, 원나라의 관리들은 밀린 세금을 거둬들인다는 명목으로 백성들을 관아에 붙잡아와 "돈을 내든지, 죽든지"를 호령하며 인정사정없이 곤장을 내리쳤다. 고장촌(孤庄村)에 사는 빈농 주중팔의 아버지 주오사(朱伍四)도 밀린 세금을 내지 않았다는 이유로 관아에 붙잡혀가 죽도록 곤장을 맞다가 실신, 피투성이가 되어 업혀서 집에 돌아왔다. 주오사는 회복하지 못하고 64세, 4월 6일에 통한의 눈을 감지도 못하고 죽었다. 관아의 졸개들은 시신이 누워 있는 집안을 뒤져 쌀 한 톨 없이 빼앗아 갔다. 4월 9일에는 장남인 주중사(朱重四)가 굶주리다가 죽었고, 이어서 4월 22일 중팔의 어머니 진이랑(陣二娘)도 굶어 죽었다.

집안에 아버지 어머니 형의 시체가 누워 있는 가운데 어린 중팔은 원나라를 원망하면서 훗날 복수를 다짐하고는 소리쳐 울고 또 울었다.

황각사의 행자로 들어가다

중팔은 관을 살 돈이 없어 거적때기로 시체를 싸서 간신히 땅속에 부모형제를 묻고 나서 가까운 황각사를 찾아갔다. 절에 가면 밥을 얻어먹을 수 있을 것이라는 궁여지책(窮餘之策)으로 들어가 행자 시절을 시작한 것이다. 황각사에는 십여 명의 승려들이 살고 있었고 주지는 덕축(德祝), 사찰의 큰 어른인 조실(祖室)은 고빈(高彬)이라는 노승이었다. 고빈은 주중팔의 관상을 보고 마음속에 크게 놀랐다. 장차 크게 될 인물이었다.

중팔은 황각사에서 가장 서열이 낮은 행자였기에 낮에는 정신없이 사찰 허드렛일을 해야 했다. 고빈 노스님은 남들이 다 잠든 야반삼경(夜半三更)에 코고는 중팔을 깨워 은밀히 글을 가르치면서 이렇게 말했다.

"마음속에 항상 '관세음보살'님의 명호를 외우고 원을 세워 가호 있기를 기도하거라. 반드시 관세음보살님은 너의 소원을 이루어 주신다."

야반삼경에 특별 과외공부를 시키는 고빈 조실스님을 지켜보는 주지 덕축은 엉뚱한 걱정을 했다. 중팔에게 주지직을 빼앗기지나 않을까 하는 걱정으로 장탄식을 토했다. 여타 승려들도 황각사 주지 노릇을 한 번 하겠다는 소망이 있는데 조실스님이 중팔을 편애하는 것을 보니 장차 주지 희망은 난망하다고 생각하여 중팔을 시기 질투 증오하였다. 그들은 앞 다퉈 중팔을 괴롭혔다.

고빈 노스님은 중팔에게 법해(法海)라는 법명을 내렸다. 고빈 노스님은 매일 밤 법해에게 불교의 핵심과 무경칠서(武經七書)를 가르쳤다. 수년이 흐른 후, 고빈 노스님은 주지를 위시하여 다른 승려들이 주지직의 감투 때문에 법해를 해칠 수 있다는 것을 감지하고 어느 날 밤에 하산을 명령했다. "너는 황각사 주지로 인생의 목표를 두어서는 안 된다. 하산하여 탁발승(托鉢僧)으로서 전국의 민심을 살피고 너의 뜻을 세울 곳에 몸을 투신하라"는 밀지를 내려 하산하게 하였다. 법해는 당시 18세의 나이로 황각사를 떠나 탁발승이 되어 각지를 떠돌았다.

원나라를 멸망시키려는 한족(漢族)의 승려들

당시 중국 땅에서 폭정 학정을 일삼는 몽고족 원나라를 멸망시켜 모든 사람이 신명나게 살 수 있는 한족(漢族)의 나라를 세우기 위해 앞장서서 대중을 선동하여 주도하는 사람들은 한족 출신의 승려들이었다. 그 가운데 최고 지도자는 팽형옥(彭螢玉)이라는 고승이었다. 그는 원나라의 폭정 학정의 고통 속에 죽어가는 백성들에게 희망의 소식을 주며 외쳤다.

"장차 미륵불이 하생하여 한족의 영웅으로 하여금 원나라를 중국 땅에서 내쫓고 한족이 태평천하의 새 나라를 건설할 것이니 백성은 궐기하라!"

탁발하던 법해 스님도 팽형옥 고승의 예언을 듣고 눈이 번쩍 각성되었다.

팽형옥이 불단(佛壇)을 만들어 향(香)을 피우고 경을 외우며

받드는 신(神)은 미륵불(彌勒佛)과 명왕(明王)이었다. 주요 소의 경전으로는 미륵하생경(彌勒下生經), 대소명왕출세경(大小明王出世經) 등이 있었다. 그는 원주(袁州), 지금의 강서(江西) 의춘(宜春)에서 출가하여 법해 스님의 고향인 회서(淮西)지역에서 포교하여 남파(南派)라고 불리운다. 또 다른 계통은 북파(北派)로서 우두머리는 조주(趙州) 난성의 한가(韓家)였다. 한가는 몇 대째 백련교(白蓮敎)의 교주였다. 한산동(韓山童)이 교주가 된 후 예언하기를 "천하에 난(亂)이 난다"고 선전하며 "미륵불이 나올 것이다. 명왕이 나올 것이다." 하며 지지 세력을 모아 봉기하며 원(元) 조정에 맞서 전투를 벌였다.

팽형옥과 한산동은 한결같이 미륵불, 명왕이 나타나 원나라를 멸망시킨다고 선전하며 봉기했는데 봉기군은 의병(義兵)이라 자칭했고 머리에 홍건(紅巾)으로 감싸 홍건군(紅巾軍)이라 불리었다. 반면에 원나라에서는 홍건적(紅巾賊)이라 불렀다. 팽형옥 한산동 두 사람이 떠받드는 신은 미륵불(彌勒佛)이기 때문에 미륵교(彌勒敎)요, 명왕출세를 예언하기에 명교(明敎)라고 하였다.

훗날 법해 스님이 세운 한족(漢族)의 나라 이름을 명(明)이라 칭한 것도 법해 자신이 미륵이요, 명왕으로 자처한 것이다.

탁발길에 도깨비에게 깨달음을 얻다

법해는 탁발길을 다니면서 민심이 원나라를 멸망시켜야한다는 것으로 결의하다시피 되었다는 것을 절감했다. 어느날 법해는 탁발길에 어느 사찰에서 큰 제를 지낸 후 음식을 걸인들과 함께 배부르게 얻어먹고 달 밝은 초원에서 걸인들과 잠을 청하고 있었다. 비몽사몽간에 도깨비들 서너 명이 몰려왔다. 도깨비들은 걸인 하나하나를 발로 차면서 저주에 찬악담 논평을 해댔다.

"에구 이 자식은 3대를 얻어먹는 걸인노릇을 하고 있구먼."

"저 새끼는 4대째야."

도깨비들이 법해 쪽으로 다가섰다. 도깨비 하나가 법해에게 "이 거지새끼는 뭐여?" 하고 발길질을 하려는데 늙은 도깨비가 손가락을 세워 입에 세우며 나직이 말했다.

"쉬― 이 사람은 황제가 될 운명인데, 그것을 깨닫지 못하고 양아치로 살고 있구먼. 양아치로 살다 죽으면 안 되는데…."

도깨비들은 법해를 향해 이구동성으로 "안타깝다!" 말하고는 바람같이 사라졌다. 법해는 잠에서 깨어나 곰곰이 운명의진로를 생각했다.

법해가 오랜만에 황각사에 돌아오니 고빈 노스님은 열반에 들어 있었다. 주지 덕축이 주지 겸 조실이 되어 있었다. 주지를 위시해서 승려들은 법해가 돌아온 것에 심기가 편치 않았다. 주지 직을 법해에게 빼앗길까 걱정하는 것이다. 법해를 다시 탁발길에 내쫓으려는데 법해에게 편지 한 통이 왔다. 마을 친구 탕화(湯和)가 장정 십여 명을 데리고 홍군(紅軍)에 입대하여 천호장(千戶長)이 되었다며 법해에게 입대를 권유하는 편지였다.

이때 어느 승려가 법해에게 주지 직을 빼앗길까 시기 질투하여 재빠르게 하산하여 황각사에 홍건적과 통하는 승려 법해가 있다고 관아에 고변했다. 원(元)의 관리와 병사들은 법해를 붙잡아 공을 세우려 했으나 법해는 재빨리 피신했다. 관리와 병사들은 노기충천하여 황각사를 모두 불태워 버렸다.

법해는 멀리 숲속에서 불타는 황각사를 향해 큰 절을 올리고 울면서 그동안 자신을 받아준 부처님, 학문을 전수해준 고빈 노스님께 진심으로 감사의 인사와 작별의 인사를 드렸다.

법해는 하산하여 호주(濠州)에 있는 홍건부대 가운데 곽자흥(郭子興)이 부대장으로 있는 부대에 졸병으로 투신했다. 그때 법해는 누더기 같은 승복을 입은 25세의 승려였다.

관음기도로 명태조(明太祖)가 되다

홍건군은 대부분 글자를 모르는 무식한 농민이 주축을 이루었다. 이제 법해가 아닌 주중팔은 졸병 신세였지만, 고빈 노스님으로부터 배운 병서(兵書)의 가치가 빛나기 시작했다. 주중팔의 작전대로 전투를 하면 언제나 승리였다. 부대장 곽자흥이 호감을 갖고 주목하였고 양자로 인연을 맺고 싶다고 다가왔다. 또 곽자흥의 양녀 마 씨(馬氏) 처녀가 청혼해 왔다. 부대장의 양자요, 부대장의 사위가 되었으니 그 부대에서는 고속 출세가도를 달리기 시작했다.

곽자흥이 죽자 그 부대는 결국 주중팔의 부대가 되어 버렸다. 주중팔은 여러 갈래의 의병들을 차례로 격파하여 통일시켰고 원나라를 멸망시켰다. 팽형옥 고승과 한산동 백련교 교주의 예언대로 한족 출신의 영웅이 나타나 원나라를 멸망시키고 한족의 제국 명나라를 세운 것이다. 탁발승인 법해 스님은 25세에 홍군에 졸병으로 투신하여 45세에 국호를 명(明)이라 하고 황제의 자리에 앉았으니 그의 인생은 전생에 정해진 것일까?

황제가 된 주중팔은 이름이 상스럽다 하여 품위 있게 주원장(朱元璋)이라 개명하였다. 그는 황궁 내실에 법당을 만들어 관음보살상을 모시고 항상 관음기도를 했다고 한다. 그리고 법당 뒤 자신만이 출입하는 방에는 옛날 자신이 입었던 탁발 승려의 헤진 삿갓, 낡은 승복을 귀하게 보관하고, 어떤 때는 낡은 승복을 어루만지고 울며 이렇게 중얼거렸다고 한다.

"우리 부처님은 왕자 자리도 헌신짝 버리듯 하고 출가 수 행자가 되었는데 나는 수행자로서의 길을 가지 않고 황제가 되기 위해 얼마나 많은 사람을 죽이는 악업을 지었는가. … 부처님 참회합니다. …"

훗날 주원장은 매일 천 알의 염주를 한 알 한 알 돌리면서 "관세음보살"을 명호 정근을 하면서, 소원을 이루어주신 것 에 관음보살님께 감사하고 이제 자신의 영혼을 관음보살님께 의지한다며 숨을 거두었다. 중국 제국사에 탁발승이 황제가 된 적은 없었다. 모두 관음기도로서 기도 응답을 받았다고 논 평할 수 있다.

결 론

이상에서 고찰하고 설명하였듯이, 불교에서는 지구 같은 행성(行星)인 음양계(陰陽界)는 주재하는 신(神)이 따로 존재하는 것이다.

지구는 인간들이 육신으로서 영원히 살 수 없는 생사 윤회하는 별이요, 인연취(因緣取) 인연산(因緣散)하는 무정한 별이다. 인간 뿐 아니라 모든 인간과 여타 일체생명의 자웅(雌雄)은 지구의 신이 번식을 위한 섹스 쾌락의 DNA를 설정해 주었기 때문에 섹스의 쾌락과 번식욕에 빠져 대부분 무량수불의 국토에 왕생하는 기도와 수행을 하지 못한다. 지구를 주재하는 신은 인간뿐만 아니라 모든 생명이 지구에서 번식하고 죽기를 바랄 뿐, 지구라는 행성(行星)에서 벗어나는 것을 싫어한다.

지구는 음양이 인연 따라 만나고 사랑하고 번식하고 인연이 다하면 스스로 지은 업(業)에 따라 생사윤회를 끝없이 거듭하는 별의 국토이지, 전지전능한 우주의 법신불이 개인적인 친소(親疎)관계로 생사윤회를 하게 하는 것이 아니다. 따라서 인간 개개인이 기도하고 수행해서 생사 윤회하는 고해의 세계인 지구를 떠나 영원한 생명의 나라인 극락세계에 왕생하여 아미타불(無量壽佛)의 법문을 들을 수 있을 뿐이다.

부처님은 일체 생명에서 만물의 영장인 인간의 몸을 받았을 때, "기도와 수행으로 아미타불(無量壽佛)을 찾는 기도와 수행을 반드시 해야 한다"고 가르치셨으니 인간들은 절대 망각해서는 안 되는 것이다.

석가모니불은 인도 가비라국 왕자로 태어나 부귀의 상징인 왕자의 지위도 우주의 진리를 구하기 위해 헌신짝 버리듯 버리고 떠나 구도자가 되어 고행자로 실천하였다.

다시 말하거니와 부처님은 중국 조사들처럼 면벽회두 공부로 성불하지 않은 것이다. 지구의 산하대지와 우주를 통찰하는 수행법으로 공부를 해보여 중생들에게 "나처럼 수행하면 모두 부처가 될 수 있다"는 희망의 법문을 주시고, 우리 같은 육신을 82세의 나이로 인연 따라 버리고 우주의 법신불처럼 중생의 수호불이요, 구원자로 우주에 아니 계신 곳이 없이 존재하여 역사하신다는 것을 믿어야 한다.

지구촌의 불제자들은 인생은 짧아 한바탕 꿈과 같이 허무하다는 것을 깨달아야 한다. 짧은 인생에 인연 있는 남녀 간의 사랑도 좋고 자녀를 낳아 양육하는 것도 좋지만, 그것은 깨닫고 보면 영원할 수 없는 잠시의 즐거움일 뿐이다. 인간

몸 받아서 반드시 해야 할 일은 우리가 살고 있는 음양계에 집착하여 생사윤회를 거듭하지 말아야 한다. 우주에 존재하는 우주의 본체요, 법신불인 아미타불(無量壽佛)의 세계에 왕생하여 영원한 삶을 얻기 위해 법신불의 화신인 석가모니불과 관세음보살 등에 기도하고 수행해야 하는 것이다.

지구에 사는 불제자들은 살아있는 동안에는 인연 있는 남녀를 만나 사랑하고 결혼하여 진실로 서로 의지하는 인생을 살면서 호구지책(糊口之策)의 경제활동을 해야 한다. 그러나 영원히 살지 못할 지구에 천인공노(天人共怒)할 탐욕을 부리고, 인과응보의 악연을 지어서는 안 된다. 우리 인생의 삶은 결국 "빈손으로 오고(空手來) 빈손으로 갈(空手去)뿐"이라는 것을 확신해야 할 것이다.

관음기도는 시간만 있으면 해야 기도의 응답을 빨리 받을 수 있다. 하루에 한 번씩 집안에서 조용한 방에 작은 상위에 생명의 시작인 깨끗한 물을 대접에 담아놓고 가슴에 합장하고 두 눈을 지그시 감고 일심으로 지성껏 "관세음보살" 명호를 반복해 부르는 관음기도를 하는 것이 올바른 기도법이다. 또 매월에 기회만 있으면 인연 있는 사찰을 찾아 첫째, 참회기도를 하고, 둘째, 소원을 비는 발원의 관음기도를 하는 마음공부 하기를 권장한다.

거듭 강조하는 바이지만, 석가모니불은 우리가 살고 있는 지구를 불이 난 화택(火宅)이라고 표현했다. 부처님은 집에 불이 난 줄도 모르고 놀이에 빠져 있는 어린이 같은 중생을 구원하기 위해 갖가지 방편법문이 있는 팔만대장경(八萬大藏經)을 말씀해주신 것이다. 팔만대장경 가운데 관음경과 관음기도를 중생에 강조하고 권장하는 이유는 대성자모(大聖慈母)와 같은 관음보살이 중생이 살아생전 세상에서 기도응답의 소원을 들어주고, 구경에는 극락세계로 인도해주는 기도문이기 때문이다.

화엄경에 "원력이 있어야 불보살의 가피가 있다"는 부처님 말씀은 영원한 진리이다.

2019년 8월

선운사 문도인 이법철(李法徹) 합장

觀音經

초판인쇄 2019년 9월 2일 인쇄
초판발행 2019년 9월 6일 발행

편저자 : 이 법 철
발행인 : 서 영 애
펴낸곳 : 대양미디어

서울시 중구 퇴계로45길 22-6(일호빌딩) 602호
등록일 : 2004년 11월 8일(제2-4058호)
전화 : (02)2276-0078
E-mail : dymedia@hanmail.net

ISBN 979-11-6072-051-8 03220
값 12,000원

이 도서의 국립중앙도서관 출판예정도서목록(CIP)은 서지정보유통지원시스템 홈페이지
(http://seoji.nl.go.kr)와 국가자료공동목록시스템(http://www.nl.go.kr/kolisnet)에서
이용하실 수 있습니다.(CIP제어번호 : CIP2019033416)